Julia
Philip

DR. OETKER

PARTY REZEPTE FÜR KINDER

SÜDPOLSPAGHETTI, PIRATENSPIESSCHEN, GESPENSTERGRÜTZE, HEXENTRUNK ...

DR. OETKER

PARTY REZEPTE FÜR KINDER

SÜDPOLSPAGHETTI, PIRATENSPIESSCHEN, GESPENSTERGRÜTZE, HEXENTRUNK ...

Dr. Oetker Verlag

Lisa
Julia

Auch kleine Leute feiern gerne große Partys.
Und damit die Feten auch super Erfolge werden,
haben wir neben tollen neuen Rezepten noch viele Tipps und Anregungen
für Vorbereitung und Dekorationen für Sie zusammengestellt.

Die Gerichte sind gut vorzubereiten, so dass Sie der Feier entspannt entgegensehen können.
Oder spannen Sie die Kids ein, beim Aufspießen, Belegen und Schichten mitzuhelfen,
denn was schmeckt besser als eine Leckerei, die man selbst „gekocht" hat?

Ob Suppe oder Salat, Spieß oder Auflauf, Gebäck oder Drink, ob für die Grillparty draußen
oder den Gespenster-Spuk in der Wohnung, bei der bunten Mischung an Rezepten
ist für jeden Geschmack und jeden Anlass etwas dabei.
Wenn die Leckereien dann auch noch kreativ und fantasievoll angerichtet werden,
bleibt garantiert kein Krümel übrig.

Abkürzungen

EL	= Esslöffel
TL	= Teelöffel
Msp.	= Messerspitze
Pck.	= Packung/Päckchen
g	= Gramm
kg	= Kilogramm
ml	= Milliliter
l	= Liter
evtl.	= eventuell
geh.	= gehäuft
gestr.	= gestrichen
TK	= Tiefkühlprodukt
°C	= Grad Celsius
Ø	= Durchmesser
E	= Eiweiß
F	= Fett
Kh	= Kohlenhydrate
kcal	= Kilokalorien
kJ	= Kilojoule

Hinweise zu den Rezepten

Lesen Sie vor der Zubereitung das Rezept einmal vollständig durch. Oft werden Arbeitsabläufe und Zusammenhänge dann klarer.

Die in den Rezepten angegebenen Backtemperaturen und -zeiten sind Richtwerte, die je nach individueller Hitzeleistung des Backofens bzw. Material der verwendeten Formen über- oder unterschritten werden können. Beachten Sie bei Gasherden die Gebrauchsanweisung des Herstellers.

Zubereitungszeiten

Die Zubereitungszeit ist ein Anhaltswert für die Zeit für Vorbereitung und die eigentliche Zubereitung (incl. Koch- und Backzeiten). Längere Wartezeiten wie z. B. Kühl- und Marinierzeiten sind nicht einbezogen.

Kapitelübersicht

Kapitelübersicht

Selbst Suppenkasper & Salatmuffel können hier nicht widerstehen.

Aus Suppentopf & Salatschüssel

Häschensuppe

8–10 Portionen
Zubereitungszeit: 40 Min.

Pro Portion:
E: 4 g, F: 14 g, Kh: 5 g,
kJ: 683, kcal: 163

- **1 mittelgroße Zwiebel**
- **500 g Möhren**
- **40 g Butter**
- **2 EL Speiseöl**
- **2 EL Weizenmehl**
- **1,2 l Gemüsefond oder -brühe**
- **200 ml Schlagsahne**
- **Salz**
- **frisch gemahlener, weißer Pfeffer**
- **1 Kästchen Kresse**

1 Zwiebel abziehen und fein würfeln. Möhren putzen, schälen, waschen und in kleine Stücke schneiden.

2 Butter und Öl in einem Topf erhitzen und Zwiebelwürfel und Möhrenstücke darin andünsten. Mehl darüber stäuben und verrühren. Gemüsefond oder -brühe angießen und alles etwa 20 Minuten bei schwacher Hitze kochen lassen, dabei ab und zu umrühren.

3 Die Suppe dann pürieren. Sahne hinzufügen und nochmals kurz aufkochen lassen. Die Suppe mit Salz und Pfeffer würzen und mit Kresse bestreut servieren.

Tipp:
Die Suppe kann gut bereits am Vortag zubereitet werden.
Sie kann auch eingefroren werden, dann die Sahne am besten nach dem Auftauen und Erwärmen frisch hinzufügen und die Suppe vor dem Servieren mit Kresse bestreuen.

Dekotipp:
Einige Möhren putzen, schälen, waschen und längs in dünne Scheiben schneiden (evtl. mit einem Sparschäler). Aus den Möhrenstreifen mit Hilfe von Plätzchenausstechern Häschen ausstechen und die Tellerränder damit garnieren.

Anti-Vampir-Suppe

8 Portionen
Zubereitungszeit: 30 Min.

Pro Portion:
E: 4 g, F: 13 g, Kh: 13 g,
kJ: 795, kcal: 190

- **1,5 kg vollreife Tomaten**
- **3 mittelgroße Zwiebeln**
- **2 Knoblauchzehen**
- **50 g Butter oder Margarine**
- **40–50 g Weizenmehl**
- **150 g Tomatenmark**
- **1,5 l heiße Gemüsebrühe**
- **1/2 TL Zucker**
- **Salz**
- **frisch gemahlener, weißer Pfeffer**
- **Paprikapulver edelsüß**
- **1 Becher (150 g) Crème fraîche**
- **frische Basilikumblättchen**

1 Tomaten waschen, abtropfen lassen, kreuzweise einschneiden und kurz in kochendes Wasser legen. Tomaten enthäuten, die Stängelansätze entfernen und das Fruchtfleisch in kleine Stücke schneiden. Zwiebeln und Knoblauch abziehen und fein würfeln.

2 Butter oder Margarine in einem großen Topf zerlassen. Zwiebel- und Knoblauchwürfel darin andünsten.

3 Mehl darüber stäuben und Tomatenmark unterrühren. Mit Brühe unter Rühren ablöschen, dabei darauf achten, dass sich keine Klümpchen bilden. Tomatenstücke hinzufügen und die Suppe zugedeckt etwa 10 Minuten bei schwacher Hitze köcheln lassen.

4 Die Suppe mit Zucker, Salz, Pfeffer und Paprika abschmecken und mit Crème fraîche und Basilikumblättchen anrichten.

Dekotipp:
Die Crème fraîche verrühren, in einen Spritzbeutel mit kleiner Lochtülle füllen und als Vampirgesicht auf die Suppenteller spritzen. Als Augenbrauen Basilikumblättchen auflegen.

Abwandlung:
Die Suppe wird sättigender, wenn Sie zusätzlich noch 250 g in Scheiben geschnittene Fleischwurst mit Knoblauch oder Cabanossi (italienische Knoblauchwurst) hinzufügen.

Tipp:
Die Suppe kann bereits am Vortag zubereitet werden (ohne Dekoration).

Sterntalersuppe

Foto – 8 Portionen
Zubereitungszeit: 40 Min.

Pro Portion:
E: 7 g, F: 1 g, Kh: 16 g,
kJ: 442, kcal: 105

- **2 große Möhren**
- **1 großer Kohlrabi**
- **1 Stange Porree (Lauch)**
- **1,6 l Geflügelfond oder -brühe**
- **160 g Sternchennudeln**
- **Salz**
- **frisch gemahlener, weißer Pfeffer**
- **geriebene Muskatnuss**

1 Möhren putzen, schälen und waschen. Kohlrabi schälen und waschen. Beide Zutaten in dünne Scheiben schneiden (evtl. mit einer Aufschnittmaschine). Möhren- und Kohlrabischeiben anschließend in kochendes Salzwasser geben und kurz blanchieren.

2 Porree in die einzelnen Schichten teilen, dazu jede Schicht einschneiden und abnehmen. Porree waschen und ebenfalls kurz blanchieren (höchstens 10 Sekunden).

3 Aus dem blanchierten Gemüse mit Hilfe eines Messers oder eines Plätzchenausstechers mittelgroße Sterne ausstechen.

4 Geflügelfond oder -brühe in einen Topf geben. Das ausgestochene Gemüse mit den Nudeln hinzufügen. Alles unter gelegentlichem Rühren 8–10 Minuten köcheln lassen. Die Suppe zum Schluss mit Salz, Pfeffer und Muskat würzen.

Tipp:
Einfacher und schneller geht's, wenn Sie das Gemüse nicht ausstechen, sondern in Würfel oder Streifen schneiden, es muss dann nicht blanchiert werden.

Erbsencremesuppe

8 Portionen
Zubereitungszeit: 30 Min.

Pro Portion:
E: 4 g, F: 13 g, Kh: 11 g,
kJ: 768, kcal: 183

- **2 mittelgroße Zwiebeln**
- **50 g Butter oder Margarine**
- **600 g Erbsen (frische, ausgepalte oder TK)**
- **1,5 l Hühner- oder Gemüsebrühe**
- **200 ml Schlagsahne**
- **Salz, Pfeffer**
- **1 Prise Zucker**

1 Zwiebeln abziehen und in Würfel schneiden. Butter oder Margarine in einem Topf zerlassen. Zwiebelwürfel darin andünsten.

2 Erbsen und Brühe hinzufügen, alles zum Kochen bringen und etwa 15 Minuten kochen lassen.

3 Die Suppe pürieren und durch ein Sieb streichen. Sahne unterrühren und die Suppe einmal aufkochen lassen. Mit Salz, Pfeffer und Zucker würzen.

Abwandlung:
Anstelle der Erbsen können Sie auch anderes Gemüse, wie z. B. Kohlrabi, Möhren oder Kartoffeln, verwenden.

Tipp:
Nach Belieben die Suppe mit in Butter gebräunten Toastbrotwürfeln servieren.

Heisses Schneegestöber

Foto – 8 Portionen
Zubereitungszeit: 30 Min.

Pro Portion:
E: 11 g, F: 14 g, Kh: 47 g,
kJ: 1550, kcal: 369

Für die Schokoladensuppe:
- **2 l Milch**
- **2 Pck. Pudding-Pulver Schokoladen-Geschmack**
- **75 g Zucker**
- **1 Prise Salz**
- **150 g Blockschokolade**

Für die Schneeklößchen:
- **3 Eiweiß (Größe M)**
- **3 Pck. Vanillin-Zucker**
- **1 Prise Salz**
- **1,5 l Wasser**

1 Für die Schokoladensuppe 125 ml (1/8 l) von der Milch abnehmen und mit Pudding-Pulver, Zucker und Salz verrühren. Die restliche Milch in einen Topf geben und zum Kochen bringen.

2 Den Topf von der Kochstelle nehmen, das angerührte Pudding-Pulver hineingießen und die Suppe unter Rühren einmal aufkochen lassen. Schokolade in kleine Stücke brechen und unter Rühren in der heißen Flüssigkeit auflösen.

3 Für die Schneeklößchen Eiweiß mit Vanillin-Zucker und Salz steif schlagen. Wasser in einem breiten Topf erhitzen. Mit einem Teelöffel kleine Klößchen aus dem Eischnee abstechen und sie auf das heiße Wasser setzen (das Wasser muss sich leicht bewegen, es darf nicht sprudelnd kochen). Die Klößchen zugedeckt in etwa 5 Minuten gar ziehen lassen.

4 Die Schneeklößchen mit einer Schaumkelle aus dem Wasser herausheben und auf die Schokoladensuppe setzen. Das heiße Schneegestöber sofort servieren.

Dekotipp:
Den Tisch mit kleinen Schneemännern aus Wattebäuschchen dekorieren.

Tipp:
Die Schokoladensuppe kann schon am Vortag zubereitet werden. Die Schneeklößchen frisch zubereiten.

Buttermilch-Kaltschale

8 Portionen
Zubereitungszeit: 15 Min., ohne Kühlzeit

Pro Portion:
E: 8 g, F: 3 g, Kh: 21 g,
kJ: 610, kcal: 145

- **750 g Himbeeren**
- **1 l Buttermilch oder Dickmilch**
- **300 g Vollmilchjoghurt**
- **Saft von 1 Zitrone**
- **50–75 g Zucker**
- **30 g Weizenkleie**
- **Zitronenmelisseblättchen**

1 Himbeeren verlesen, evtl. waschen und trockentupfen. Etwa 1/3 zum Garnieren beiseite legen, die restlichen Früchte pürieren und nach Belieben durch ein Sieb streichen.

2 Das Himbeerpüree mit Buttermilch oder Dickmilch, Joghurt, Zitronensaft, Zucker und Weizenkleie verrühren.

3 Die Kaltschale auf Schälchen verteilen und mit den zurückgelassenen Himbeeren und Zitronenmelisseblättchen garnieren. Die Kaltschale bis zum Verzehr kalt stellen und gut gekühlt servieren.

Nudel-Dudel-Salat

Foto – 8–10 Portionen
Zubereitungszeit: 30 Min., ohne Abkühlzeit

Pro Portion:
E: 8 g, F: 2 g, Kh: 46 g, kJ: 1033, kcal: 246

- **500 g Nudeln**
- **je 1 kleine rote, grüne und gelbe Paprikaschote**
- **1 Flasche (300 ml) süße Chilisauce**
- **Salz, Pfeffer**
- **1 Bund glatte Petersilie**

1 Nudeln in reichlich Salzwasser nach Packungsanleitung bissfest kochen, in ein Sieb geben, gut abtropfen und erkalten lassen.

2 Paprikaschoten halbieren, entstielen, entkernen, die weißen Scheidewände entfernen, die Schoten waschen und fein würfeln.

3 Nudeln und Paprikawürfel in einer Schüssel mischen, mit Chilisauce verrühren und mit Salz und Pfeffer würzen.

4 Petersilie abspülen, trockentupfen, die Blättchen von den Stängeln zupfen, hacken und den Salat damit bestreuen.

Abwandlung:
Zusätzlich 150 g in Würfel geschnittene Fleischwurst hinzufügen.

Tipp:
Der Salat kann bereits am Vortag zubereitet werden.

Suppenkasper-Alphabet

8–10 Portionen
Zubereitungszeit: 30 Min.

Pro Portion:
E: 10 g, F: 6 g, Kh: 15 g, kJ: 681, kcal: 163

- **150 g Buchstabennudeln**
- **300 g Möhren**
- **300 g Zucchini**
- **2 l Fleisch- oder Gemüsebrühe**
- **einige junge, zarte Sellerieblätter**
- **1 Bund Petersilie**

1 Nudeln in reichlich Salzwasser nach Packungsanleitung bissfest kochen, in ein Sieb geben und gut abtropfen lassen.

2 Möhren putzen, schälen, waschen und kurz blanchieren. Möhren herausnehmen und in Scheiben schneiden oder mit Hilfe eines Kugelausstechers kleine Kugeln daraus ausstechen.

3 Zucchini waschen, abtrocknen und die Enden abschneiden. Zucchini erst in Scheiben, dann in etwa ½ cm dicke Streifen schneiden.

4 Brühe in einem Topf zum Kochen bringen. Das vorbereitete Gemüse und Sellerieblätter hineingeben, alles zugedeckt etwa 10 Minuten bei mittlerer Hitze kochen lassen.

5 Petersilie abspülen, trockentupfen, die Blättchen von den Stängeln zupfen und fein hacken. Die Buchstabennudeln in die Suppe geben und erhitzen. Die Suppe mit Petersilie bestreut servieren.

Miniwürstchen-Salat

Foto – 8 Portionen
Zubereitungszeit: 30 Min.

Pro Portion:
E: 9 g, F: 26 g, Kh: 3 g,
kJ: 1218, kcal: 291

- **500 g Cocktailwürstchen**
- **1 Bund Radieschen**
- **1 grüne Paprikaschote**
- **1 kleines Glas Silberzwiebeln (Abtropfgewicht 185 g)**
- **1 kleines Glas Gewürzgurken (Abtropfgewicht 190 g)**

Für die Sauce:

- **4 EL Essig**
- **Salz, Pfeffer**
- **8 EL Speiseöl**
- **etwas Zucker**

- **Schnittlauchröllchen**

1 Cocktailwürstchen diagonal halbieren. Radieschen putzen, waschen und in Scheiben schneiden. Paprikaschote vierteln, entstielen, entkernen, die weißen Scheidewände entfernen, die Schote waschen und fein würfeln.

2 Silberzwiebeln und Gewürzgurken getrennt in ein Sieb geben und abtropfen lassen. Gewürzgurken in Scheiben schneiden. Die vorbereiteten Zutaten in eine Schüssel geben.

3 Für die Sauce Essig mit Salz und Pfeffer verrühren. Öl unterschlagen. Die Sauce mit Zucker abschmecken, über die Salatzutaten geben und vorsichtig vermengen. Mit Schnittlauchröllchen bestreuen.

Abwandlung:
Anstelle der Silberzwiebeln können Sie auch eine kleine Dose Gemüsemais (Abtropfgewicht 100 g) oder Tomatenpaprika aus dem Glas verwenden.

Sahnig-süsser Knacksalat

8–10 Portionen
Zubereitungszeit: 20 Min.

Pro Portion:
E: 1 g, F: 9 g, Kh: 7 g,
kJ: 487, kcal: 116

- **1 kleiner Kopf Eisbergsalat**
- **250 ml (1/4 l) Schlagsahne**
- **Saft von 1 großen Zitrone**
- **2–3 EL Zucker**
- **5 Mandarinen**

1 Salat putzen, in einzelne Blätter teilen, waschen und abtropfen lassen oder trockenschleudern. Die harten Rippen entfernen und die Blätter in kleine Stücke reißen.

2 Sahne mit Zitronensaft und Zucker verrühren, bis sich der Zucker gelöst hat. Mandarinen schälen, in Spalten teilen, die Spalten nach Belieben klein schneiden und unterheben.

3 Den Eisbergsalat auf Teller geben und die Mandarinensauce darüber verteilen oder den Salat mit der Sauce in einer großen Schüssel vermengen.

Abwandlung:
Anstelle der Mandarinen können auch 2 Orangen oder 1 in Stücke geschnittene Banane verwendet werden (oder 1 Dose Mandarinen mit 175 g Abtropfgewicht verwenden). Der Eisbergsalat kann durch Chinakohl ersetzt werden.

Rotkäppchen-Salat

Foto – 8–10 Stück
Zubereitungszeit: 35 Min.

Pro Stück:
E: 18 g, F: 35 g, Kh: 9 g,
kJ: 1878, kcal: 449

- **4 mittelgroße Äpfel**
- **500 g Emmentaler oder Gouda, in 3 mm dicke Scheiben geschnitten**

Für die Mayonnaise:

- **1 Eigelb (Größe M, ganz frisch)**
- **1–2 TL Senf**
- **1 EL Essig oder Zitronensaft**
- **Salz, Pfeffer**
- **1 TL Zucker**
- **125 ml (1/8 l) Speiseöl**
- **150 g Naturjoghurt**
- **50 g abgezogene, gehackte Mandeln**

- **8–10 kleine Tomaten**

1 Äpfel schälen, vierteln, entkernen und in Streifen schneiden. Käse ebenfalls in Streifen schneiden.

2 Für die Mayonnaise Eigelb mit Senf, Essig oder Zitronensaft, Salz, Pfeffer und Zucker zu einer dicklichen Masse verrühren. Nach und nach Öl unterschlagen.

3 Joghurt und Mandeln unterrühren, die Mayonnaise abschmecken und sofort mit den Salatzutaten vermengen.

4 Tomaten waschen, abtrocknen und jeweils einen Deckel abschneiden. Die Tomaten aushöhlen, mit dem Salat füllen und die Deckel darauf legen. Evtl. übrigen Salat dazureichen.

Tipp:
Schneller geht´s, wenn Sie 175 g fertige Mayonnaise verwenden, mit der oben angegebenen Menge Joghurt und Mandeln verrühren und evtl. mit den Gewürzen abschmecken.

Radieschen-Kartoffelsalat

8–10 Portionen
Zubereitungszeit: 60 Min., ohne Durchziehzeit

Pro Portion:
E: 8 g, F: 18 g, Kh: 30 g,
kJ: 1357, kcal: 324

- **1,4 kg fest kochende Kartoffeln**
- **2 Bund Radieschen**
- **10 Minisalami**
- **4 EL Kräuteressig**
- **300 ml Gemüsebrühe**
- **8 EL Speiseöl**
- **Salz, Pfeffer**
- **1 Bund Schnittlauch**

1 Kartoffeln waschen, in Wasser zum Kochen bringen, in 20–25 Minuten gar kochen lassen, abgießen, abdämpfen, pellen und erkalten lassen.

2 Radieschen putzen, waschen und in dünne Scheiben schneiden. Kartoffeln und Salami ebenfalls in dünne Scheiben schneiden. Die vorbereiteten Zutaten in eine Schüssel geben.

3 Essig mit Brühe und Öl verrühren und salzen und pfeffern. Die Mischung erhitzen und über die Salatzutaten geben. Den Salat unter gelegentlichem Wenden mindestens 3 Stunden durchziehen lassen.

4 Schnittlauch abspülen, trockentupfen, in Röllchen schneiden und vorsichtig unter den Salat mischen.

Tortellinisalat "Pinocchio"

8–10 Portionen
Zubereitungszeit: 40 Min., ohne Abkühlzeit

Pro Portion:
E: 18 g, F: 29 g, Kh: 35 g, kJ: 2042, kcal: 488

- **500 g getrocknete, bunte Tortellini**
- **5 Möhren**
- **1 Staude Staudensellerie**
- **2 Gläser Cocktailwürstchen (Abtropfgewicht je 250 g)**

Für die Sauce:

- **200 g Mayonnaise oder gewürzte Salatcreme**
- **4 EL Tomatenketchup**
- **Salz**
- **frisch gemahlener Pfeffer**
- **1 Bund glatte Petersilie**

1 Tortellini in reichlich Salzwasser nach Packungsanleitung bissfest kochen. Die garen Tortellini in einem Sieb abtropfen und erkalten lassen.

2 Möhren putzen, waschen, schälen und in dünne Scheiben schneiden. Staudensellerie putzen, waschen, die harten Außenfäden abziehen und die Stangen ebenfalls in dünne Scheiben schneiden.

3 Beide Zutaten in kochendem Salzwasser etwa 2 Minuten blanchieren, in ein Sieb geben und abtropfen lassen.

4 Cocktailwürstchen der Länge nach halbieren. Die vorbereiteten Zutaten in eine Schüssel geben.

5 Für die Sauce Mayonnaise oder Salatcreme mit Ketchup verrühren und mit Salz und Pfeffer würzen. Die Sauce mit den Salatzutaten mischen.

6 Petersilie abspülen, trockentupfen, die Blättchen von den Stängeln zupfen, fein hacken und über den Salat streuen.

Abwandlung:
Sie können zusätzlich noch 200 g in Würfel geschnittenen Käse, z. B. Gouda, hinzufügen.

Hanswurst im Salat

8 Portionen
Zubereitungszeit: 30 Min., ohne Kühlzeit

Pro Portion:
E: 7 g, F: 11 g, Kh: 40 g
kJ: 1232, kcal: 295

Für den Salat:

- **1,6 kg fest kochende Kartoffeln**
- **150 g roher Schinken oder durchwachsener Speck**
- **3 große Zwiebeln**
- **3 EL Speiseöl**
- **3 TL Instant-Fleischbrühe (aus dem Glas)**
- **300 ml heißes Wasser**
- **3–4 EL Kräuteressig**
- **1–2 TL Zucker**
- **frisch gemahlener, schwarzer Pfeffer**

- **8 Wiener oder 4 Paar Frankfurter Würstchen**
- **Petersiliensträußchen**

1 Für den Salat Kartoffeln waschen, in Wasser zum Kochen bringen und in 20–25 Minuten gar kochen lassen. Kartoffeln abgießen, abdämpfen und etwas abkühlen lassen. Die Kartoffeln pellen, in Scheiben oder Würfel schneiden und in eine Schüssel geben.

2 Schinken oder Speck klein schneiden. Zwiebeln abziehen und würfeln.

3 Öl in einer Pfanne erhitzen und Schinken- und Zwiebelwürfel darin anbraten. Brühe mit dem Wasser verrühren, in die Pfanne geben und alles einmal aufkochen lassen. Die Pfanne von der Kochstelle nehmen und die Brühe mit Essig, Zucker und Pfeffer abschmecken.

4 Die Brühe mit den Schinken- und Zwiebelwürfeln über die Kartoffeln gießen und die Zutaten gut miteinander vermengen. Den Kartoffelsalat etwa 2 Stunden zugedeckt kalt stellen.

5 Wasser in einem breiten Topf erhitzen. Die Würstchen hineingeben und sie ohne Deckel in etwa 10 Minuten gar ziehen lassen (das Wasser darf nicht kochen, sondern muss nur sehr heiß sein).

6 Den Salat mit Petersiliensträußchen garnieren und zu den Würstchen servieren.

Abwandlung:
Der Salat wird besonders schön bunt, wenn Sie zusätzlich 1/2 gewürfelte Salatgurke und 1/2 Bund in Scheiben geschnittene Radieschen unterrühren.

Tipp:
Anstelle der „großen" Würstchen können natürlich auch Cocktailwürstchen serviert werden.
Der Salat kann auch bereits am Vortag zubereitet und im Kühlschrank aufbewahrt werden. Ihn dann etwa 1 Stunde vor dem Servieren aus dem Kühlschrank nehmen, damit er nicht zu kalt ist.

Eisbärsalat "Alaska"

Foto – 8–10 Portionen
Zubereitungszeit: 30 Min.

Pro Portion:
E: 2 g, F: 10 g, Kh: 8 g,
kJ: 576, kcal: 138

- **1 großer Kopf Eisbergsalat**
- **1 Dose Mandarinen (Abtropfgewicht 175 g)**
- **300 g Himbeeren**

Für die Sauce:

- **2 Becher (je 150 g) Crème fraîche**
- **Saft von 1 Zitrone**
- **4 EL Mandarinensaft**
- **Salz**
- **frisch gemahlener Pfeffer**
- **etwas Zucker**

1 Eisbergsalat putzen, in nicht zu kleine Stücke schneiden, kalt abspülen und gut abtropfen lassen oder trockenschleudern.

2 Mandarinen in einem Sieb abtropfen lassen, dabei den Saft auffangen und 4 Esslöffel davon für die Sauce abmessen. Himbeeren verlesen. Eisbergsalat, Mandarinen und Himbeeren in einer Schüssel vorsichtig mischen.

3 Für die Sauce Crème fraîche mit Zitronen- und Mandarinensaft verrühren und mit Salz, Pfeffer und Zucker würzen. Die Sauce getrennt zu dem Salat servieren oder kurz vor dem Verzehr vorsichtig unter die Salatzutaten rühren.

Abwandlung:
Anstelle der Mandarinen aus der Dose können Sie auch frische Orangenfilets nehmen. Anstelle des Eisbergsalates können auch andere Salatsorten, wie z. B. Chicorée- oder Endiviensalat, verwendet werden.

Tipp:
Baguette oder Schweineöhrchen (S. 136) dazu reichen.

Tomaten-Gurken-Schiffchen

8 Portionen
Zubereitungszeit: 15 Min.

Pro Portion:
E: 1 g, F: 0 g, Kh: 1 g,
kJ: 37, kcal: 9

- **4 mittelgroße Tomaten**
- **1 große Salatgurke**

1 Tomaten gründlich waschen, abtrocknen, vierteln und die Stängelansätze herausschneiden.

2 Gurke waschen, abtrocknen, die Enden abschneiden, Gurke in 16 knapp 1 cm dicke Scheiben schneiden und aus jeder Scheibe ein Dreieck ausschneiden.

3 Das Gurkendreieck mit einem Zahnstocher wie ein Segel auf dem Tomatenviertel feststecken.

Tipp:
Als „Segel" können auch Paprikadreiecke verwendet werden.

Obstsalat "Alibaba"

8–10 Portionen
Zubereitungszeit: 50 Min., ohne Kühlzeit

Pro Portion:
E: 7 g, F: 13 g, Kh: 52 g, kJ: 1581, kcal: 377

Für die Grießhalbmonde:
- **1 l Milch**
- **80 g Zucker**
- **1 Pck. Vanillin-Zucker**
- **200 g Weizengrieß**

Für den Obstsalat:
- **5 Orangen**
- **5 Grapefruits**
- **5 Mandarinen**
- **2 Minzezweige**
- **4 EL Zucker**

- **100 g Butter oder Margarine**
- **Minzeblättchen**
- **evtl. gehackte Pistazienkerne**

1 Für die Grießhalbmonde Milch in einen Topf geben und mit Zucker und Vanillin-Zucker aufkochen lassen. Den Grieß hinzufügen und alles unter ständigem Rühren 3 Minuten kochen lassen.

2 Die Grießmasse etwa 2 cm dick auf ein Backblech oder in eine Fettfangschale (30 x 40 cm) streichen und erkalten lassen.

3 Für den Obstsalat Orangen, Grapefruits und Mandarinen schälen, dabei die weiße Haut mit entfernen. Die Filets mit Hilfe eines scharfen Messers herausschneiden. Minze abspülen, trockentupfen und die Blättchen von den Stängeln zupfen. Die Fruchtfilets mit Zucker und Minzeblättchen mischen.

4 Aus der erkalteten Grießmasse mit Hilfe eines Plätzchenausstechers Halbmonde ausstechen. Butter oder Margarine portionsweise in einer beschichteten Pfanne erhitzen und die Grießhalbmonde darin von beiden Seiten goldgelb braten.

5 Die Grießhalbmonde mit den Fruchtfilets auf Desserttellern anrichten und mit Minzeblättchen garnieren. Nach Belieben mit Pistazien bestreuen.

Tipp:
Anstelle der Zitrusfrüchte können Sie auch andere Obstsorten oder Früchte aus der Dose für den Obstsalat verwenden.
Die Grießmasse nach Belieben mit etwas abgeriebener Zitronenschale (unbehandelt) abschmecken.

Häppchen & Snacks

Schwupps, in Windeseile sind die kleinen Köstlichkeiten von der Hand in den Mund verschwunden. Da lecken sich alle die Finger.

Gemüsepfeile "Robin Hood"

8–10 Portionen
Zubereitungszeit: 30 Min.

Pro Portion:
E: 21 g, F: 26 g, Kh: 3 g,
kJ: 1463, kcal: 350

- **2 Bund Radieschen (je etwa 100 g)**
- **200 g Cocktailtomaten**
- **1 kleine Salatgurke (200 g)**
- **800 g junger Gouda**

1 Radieschen putzen, waschen und in Scheiben schneiden. Cocktailtomaten waschen und abtropfen lassen.

2 Gurke waschen, putzen, längs halbieren und in 1 cm breite Stücke schneiden. Gouda mit einem Buntschneidemesser erst in dicke Scheiben, dann in kleine Rechtecke schneiden.

3 Die vorbereiteten Zutaten in bunter Reihenfolge auf Holz- oder Cocktailspieße stecken.

Tipp:
Die Kinder können sich ihre Spieße selbst zusammenstellen.

Abwandlung:
Es können auch andere Käsesorten verwendet werden. Anstelle von Gemüse eignet sich auch Obst, wie z. B. Weintrauben, Mandarinen, Birnen- oder Apfelspalten. Die Birnen- oder Apfelspalten mit Zitronensaft bepinseln, damit sie nicht braun werden.

Dekotipp:
Sie können einfache Holzspieße ganz schnell in Robin-Hood-Pfeile verwandeln, indem Sie am stumpfen Ende eine kleine Feder und am spitzen Ende ein buntes Dreieck aus Pappe befestigen.

Türkische Sandwiches

Foto – 10 Portionen
Zubereitungszeit: 60 Min.

Pro Portion:
E: 10 g, F: 10 g, Kh: 23 g,
kJ: 977, kcal: 233

- **1 kleiner Kopf Eisbergsalat**
- **1 Bund Radieschen**
- **5 kleine Tomaten**
- **1 kleine Salatgurke**
- **200 g Leerdamer-Käse**
- **2 Pck. Pita-Brote (je 5 Stück, insgesamt 500 g)**
- **100 g Mayonnaise**
- **Salz**
- **frisch gemahlener Pfeffer**

1 Eisbergsalat putzen, waschen, abtropfen lassen und in Streifen schneiden. Radieschen putzen, waschen und in Scheiben schneiden.

2 Tomaten waschen, abtropfen lassen und die Stängelansätze entfernen und die Tomaten in Scheiben schneiden. Gurke putzen, waschen (nach Belieben schälen) und ebenfalls in Scheiben schneiden. Leerdamer in Streifen schneiden.

3 Pita-Brote kurz aufbacken, senkrecht halbieren, etwas auseinander klappen und mit Mayonnaise bestreichen. Die vorbereiteten Zutaten abwechselnd einschichten und mit Salz und Pfeffer würzen.

Abwandlung:
Anstelle von Mayonnaise die Pita-Brote mit Tzatziki bestreichen. Nach Belieben zusätzlich etwa 400 g Gyros hinzufügen.

Tipp:
Alternativ alle Zutaten in Streifen schneiden, mit 150 ml fertiger Cocktailsauce vermischen und in die Brottaschen füllen. Dann die Brote nicht mit Mayonnaise bestreichen.
Das Füllen der Pita-Brote können die Kinder selber übernehmen.

Partyspiesse

Titelfoto – 8 Stück
Zubereitungszeit: 35 Min.

Pro Stück:
E: 6 g, F: 7 g, Kh: 6 g,
kJ: 491, kcal: 117

Für die Spieße:
- **1 kleines Glas Cocktailwürstchen (Abtropfgewicht 250 g)**
- **1 kleine Salatgurke (etwa 400 g)**
- **8 kleine, spitze Möhren**
- **je 1 mittelgroße gelbe, rote und grüne Paprikaschote**
- **evtl. einige Salatblätter**

Für die Tomatensauce:
- **1 Dose stückige Tomaten mit Kräutern (400 g)**
- **2–3 EL Tomatenketchup**
- **Salz**
- **frisch gemahlener Pfeffer**
- **evtl. Gemüsereste von den Spießen**

1 Für die Spieße Cocktailwürstchen abtropfen lassen.

2 Gurke waschen, abtrocknen und der Länge nach mit einem Zestenreißer Rillen einschneiden. Die Gurke dann in knapp ½ cm dicke Scheiben schneiden.

3 Möhren putzen, schälen, waschen und jeweils eine etwa 5 cm lange Spitze abschneiden.

(Fortsetzung Seite 34)

4 Paprikaschoten halbieren, entstielen, entkernen, die weißen Scheidewände entfernen, die Schoten waschen und mit Hilfe von unterschiedlich großen Plätzchenausstechern Blüten daraus ausstechen.

5 Die vorbereiteten Zutaten abwechselnd auf 8 Holzspieße stecken und die Spieße nach Belieben auf Salatblättern anrichten.

6 Für die Tomatensauce Tomaten mit Ketchup verrühren und mit Pfeffer und Salz würzen. Übrig gebliebenes Gemüse von den Spießen in sehr kleine Würfel schneiden, nach Belieben kurz blanchieren und unter die Sauce rühren. Die Sauce zu den Spießen servieren.

Tipp:
Die Tomatensauce kann nach Belieben auch heiß zu den Spießen serviert werden.
Beim Aufspießen der vorbereiteten Zutaten können Kinder mithelfen.

Kleine Hackfleischbällchen auf Pumpernickel

8 Portionen
Zubereitungszeit: 25 Min.

Pro Portion:
E: 16 g, F: 19 g, Kh: 19 g
kJ: 1371, kcal: 328

Für die Hackfleischbällchen:
- **2 kleine Zwiebeln**
- **400 g Rindergehacktes**
- **2 Eier (Größe M)**
- **Salz**
- **frisch gemahlener Pfeffer**
- **1 TL Paprikapulver edelsüß**
- **2 EL Tomatenketchup**
- **2 EL gehackte Petersilie**

- **40 g Butterschmalz**
- **einige Salatblätter, z. B. Feldsalat oder Lollo Rosso**
- **kleine Gewürzgurken**
- **etwa 1½ Rollen (je 250 g) Party-Pumpernickel**
- **40 g Butter**

1 Für die Hackfleischbällchen Zwiebeln abziehen, in Würfel schneiden und kurz in heißem Wasser abschrecken, um ihnen die Schärfe zu nehmen.

2 Rindergehacktes mit Eiern, Zwiebelwürfeln, Salz, Pfeffer, Paprika, Ketchup und Petersilie vermengen und abschmecken. Aus der Masse kleine Bällchen formen.

3 Butterschmalz erhitzen und die Hackbällchen darin von beiden Seiten braun braten.

4 Salatblätter putzen, waschen und trockentupfen. Gewürzgurken in dicke Scheiben schneiden.

5 Pumpernickelscheiben dünn mit Butter bestreichen, Feldsalat oder Lollo Rosso darauf legen und Hackfleischbällchen obenauf setzen. Mit Gewürzgurkenscheiben belegen und mit einem Zahnstocher feststecken.

Tipp:
Party-Pumpernickel sind kleine, runde Pumpernickelscheiben. Ersatzweise können Sie auch mit einem Plätzchenausstecher Platten aus großen Pumpernickelscheiben ausstechen oder diese in Quadrate schneiden.

Leberkäsehäppchen

Foto – 8 Portionen
Zubereitungszeit: 20 Min.

Pro Portion:
E: 20 g, F: 33 g, Kh: 1 g,
kJ: 1672, kcal: 399

- **1 Glas Mixed Pickles (Abtropfgewicht 285 g)**
- **8 Scheiben Leberkäse (je etwa ½ cm dick)**
- **1 Bund Petersilie**
- **einige Cocktailtomaten**
- **einige mit Paprika gefüllte Oliven**

1 Mixed Pickles in ein Sieb geben und abtropfen lassen.

2 Aus den Leberkäsescheiben mundgerechte Stücke schneiden oder ausstechen. Petersilie abspülen, trockentupfen und die Blättchen von den Stängeln zupfen. Cocktailtomaten waschen, abtrocknen und je nach Größe evtl. halbieren.

3 Das saure Gemüse in bunter Reihenfolge mit Oliven, Cocktailtomaten und Petersilie auf Zahnstocher aufspießen und in je ein Leberkäsestück stecken.

Tipp:
Dazu passt süßer Senf und Laugengebäck.

Abwandlung:
Anstelle des Leberkäses können Sie auch Fleischwurst oder gebratene Hähnchenbrustfilets verwenden.

Heisse Partyscheiben

8 Portionen
Zubereitungszeit: 25 Min.

Pro Portion:
E: 25 g, F: 22 g, Kh: 46 g,
kJ: 2111, kcal: 504

- **16 Scheiben Vollkorntoastbrot**
- **50 g Butter oder Margarine**
- **8 Ananasscheiben oder Pfirsichhälften (aus der Dose)**
- **8 Scheiben gekochter Schinken**
- **8 Scheiben Schnittkäse, z. B. Gouda**
- **2 Dosen Thunfisch naturell (Abtropfgewicht je 150 g)**
- **2 Zwiebeln**

Ober-/Unterhitze: etwa 200 °C (vorgeheizt)
Heißluft: etwa 180 °C (vorgeheizt)
Gas: Stufe 3–4 (vorgeheizt)
Backzeit: etwa 10 Min.

1 Brot toasten und dünn mit Butter oder Margarine bestreichen.

2 Acht Toastscheiben mit je 1 Ananasscheibe oder Pfirsichhälfte und 1 Scheibe Käse belegen und auf ein mit Backpapier belegtes Backblech legen. Das Backblech in den Backofen schieben.

3 Thunfisch abtropfen lassen, locker zupfen und auf den restlichen 8 Brotscheiben verteilen. Zwiebeln abziehen, in Ringe schneiden und auf den Thunfisch legen. Die Thunfischtoasts nach Belieben ebenfalls kurz im Backofen erwärmen.

Schneckenpost

8 Portionen
Zubereitungszeit: 80 Min.

Pro Portion:
E: 24 g, F: 22 g, Kh: 46 g
kJ: 2114, kcal: 505

Für den Pfannkuchenteig:
- **400 g Weizenmehl**
- **4 Eier (Größe M)**
- **Salz**
- **300 ml Milch**

- **100 g Butter oder Margarine**

Für die Spinat-Schinken-Füllung:
- **400 g blanchierter Blattspinat**
- **Salz**
- **frisch gemahlener Pfeffer**
- **evtl. etwas gehackter Knoblauch**
- **8 Scheiben gekochter Schinken**

Für die Gemüsefüllung:
- **2 Möhren**
- **2 Kohlrabi**
- **2 große Kartoffeln**
- **evtl. 1 Bund Petersilie**
- **Salz**
- **frisch gemahlener Pfeffer**

- **etwas zerlassene Butter**

1 Für den Pfannkuchenteig Mehl in eine Schüssel sieben und in die Mitte eine Vertiefung eindrücken. Eier mit Salz und Milch verschlagen, etwas davon in die Vertiefung geben und von der Mitte aus Eiermilch und Mehl verrühren. Nach und nach die übrige Eiermilch dazugeben, dabei darauf achten, dass keine Klümpchen entstehen.

2 Etwas von der Butter oder Margarine in einer beschichteten Pfanne erhitzen und eine dünne Teiglage hineingeben. Bevor der Pfannkuchen gewendet wird, etwas Fett in die Pfanne geben. Den Eierkuchen von beiden Seiten goldgelb backen. Auf diese Weise 16 Pfannkuchen zubereiten.

3 Für die Spinat-Schinken-Füllung Spinat in einem Topf erhitzen und mit Salz, Pfeffer und nach Belieben mit Knoblauch würzen. Schinken bereitstellen.

4 Für die Gemüsefüllung Möhren putzen, schälen und waschen. Kohlrabi schälen und waschen. Kartoffeln waschen, schälen und abspülen. Die 3 Zutaten in feine Streifen schneiden, kurz in Salzwasser blanchieren und auf einem Sieb abtropfen lassen.

5 Nach Belieben Petersilie abspülen, trockentupfen, die Blättchen von den Stängeln zupfen, hacken und unter die Gemüsestreifen mischen. Mit Salz und Pfeffer würzen.

6 Die Hälfte der Pfannkuchen mit je 1 Scheibe Schinken und dem Spinat, die andere Hälfte mit der Gemüsefüllung belegen. Die Pfannkuchen aufrollen, gegebenenfalls mit einem Zahnstocher feststecken, in eine Fettfangschale geben und mit Butter bestreichen. Die Fettfangschale in den Backofen schieben.

Ober-/Unterhitze:
etwa 200 °C (vorgeheizt)
Heißluft: etwa 180 °C (vorgeheizt)
Gas: Stufe 3–4 (vorgeheizt)
Backzeit: 8–10 Min.

7 Die Pfannkuchen herausnehmen, in mundgerechte Stücke schneiden und jeweils 2 Stücke zu einer Schnecke zusammenlegen (evtl. mit einem Zahnstocher feststecken). Die Schneckenköpfe mit je 2 „Fühlern“ versehen.

Tipp:
Sie können auch jedes Pfannkuchenröllchen mit einem Zahnstocher versehen und auf einer Platte anrichten. Die Pfannkuchen können bereits am Vortag gebacken werden.

Doppeldecker "Donnerwetter"

Foto – 8 Portionen
Zubereitungszeit: 25 Min.

Pro Portion:
E: 16 g, F: 19 g, Kh: 35 g,
kJ: 1652, kcal: 395

- **12 Scheiben Roggenbrot (möglichst quadratisch)**
- **75 g Butter oder Margarine**
- **1 Bund Radieschen**
- **4 kleine Tomaten**
- **12 Salatblätter**
- **12 Scheiben Schnittkäse, z. B. Gouda**

1 Die Brotscheiben von einer Seite mit Butter oder Margarine bestreichen.

2 Radieschen putzen, waschen und in Scheiben schneiden. Tomaten waschen, abtropfen lassen, die Stängelansätze herausschneiden und Tomaten ebenfalls in Scheiben schneiden. Salatblätter waschen und trockentupfen.

3 Sechs Scheiben Brot mit je 1 Salatblatt und 1 Scheibe Käse belegen und die Radieschenscheiben darauf verteilen. Mit den restlichen Brotscheiben bedecken. Die Scheiben mit den restlichen Salatblättern, Käsescheiben und den Tomatenscheiben belegen. Die Doppeldecker diagonal halbieren.

Tipp:
Die Doppeldecker eignen sich auch für ein Picknick.

Abwandlung:
Anstelle von Käse kann auch Wurst, z. B. Salami, verwendet werden.

Balus Bananentoast

8 Portionen
Zubereitungszeit: 20 Min.

Pro Portion:
E: 19 g, F: 8 g, Kh: 56 g,
kJ: 1669, kcal: 399

- **16 Scheiben Vollkorntoastbrot**
- **300 g Hüttenkäse oder Doppelrahm-Frischkäse**
- **4 Bananen**
- **etwas Zitronensaft**
- **8 Scheiben gekochter Schinken**

1 Brotscheiben toasten und mit Hüttenkäse oder Frischkäse bestreichen.

2 Bananen schälen und in Scheiben schneiden. Die Bananenscheiben auf 8 Toastscheiben verteilen und mit Zitronensaft beträufeln, damit sie nicht braun werden.

3 Schinkenscheiben auf die Bananen legen und mit je einer Toastscheibe (bestrichene Seite nach unten) bedecken.

Tipp:
Wer es lieber ganz süß mag, kann den gekochten Schinken weglassen und den Toast neben Bananenscheiben mit noch mehr Früchten, wie z. B. halbierten Weintrauben, belegen.

Igelei

Foto – 16 Stück
Zubereitungszeit: 20 Min.

Pro Stück:
E: 7 g, F: 7 g, Kh: 1 g
kJ: 423, kcal: 101

- **8 hart gekochte Eier (Größe M)**
- **16 Salamischeiben (Ø 5–6 cm)**
- **einige dünne Salzstangen**
- **etwas Tomatenmark**

1 Eier pellen, längs halbieren und mit den Schnittflächen auf eine Platte legen.

2 Jede Salamischeibe zur Hälfte einschneiden, zu einer Spitztüte formen und um das spitze Ende der Eihälften legen.

3 Salzstangen in 2–3 cm lange Stifte brechen und in die gewölbte Eiseite stecken, dabei etwa 1/3 der spitzen Eiseite für das Igelgesicht aussparen. Mit Tomatenmark jeweils 2 Augen auftupfen.

Tipp:
Dazu passt ein gemischter Salat und Vollkornbrot.

Dekotipp:
Die Igel nicht zusammen auf einer Platte anordnen, sondern für jedes Kind einen Igel als eine Art Platzkärtchen auf den Teller legen.

Pi-Pa-Popcorn

8–10 Portionen
Zubereitungszeit: 15 Min.

Pro Portion:
E: 6 g, F: 9 g, Kh: 33 g,
kJ: 1055, kcal: 252

- **50–75 ml Speiseöl**
- **400 g Popcorn-Mais**
- **Zucker oder Salz**
- **Anispulver oder gemahlener Zimt oder Zucker mit Kakaopulver gemischt**

1 Öl in 2–3 Portionen in einem breiten Topf bei mittlerer Hitze erhitzen.

2 Die Hälfte bzw. 1/3 des Popcorn-Mais etwa 1/2 cm hoch in das heiße Öl geben und den Topf mit einem Deckel verschließen, bis alle Maiskörner aufgeplatzt sind.

3 Wenn das Knallen vorbei ist, den Topf von der Kochstelle nehmen und das Popcorn in eine Schüssel geben. Die restlichen Portionen auf dieselbe Weise zubereiten.

4 Anschließend das Popcorn nach Belieben mit Zucker oder Salz, Anis oder Zimt oder Zucker und Kakao bestreuen.

Tipp:
Vorsicht, den Topf während der Zubereitung geschlossen halten, sonst besteht Verletzungsgefahr.

Tacoparade "Mexikana"

je 8–10 Portionen
Zubereitungszeit:
je 40–50 Min.,
ohne Kühlzeiten

Für Variante 1:

- **2 grüne Paprikaschoten (je 200 g)**
- **4 dicke Möhren (je 100 g)**
- **1 kleine Dose Ananasscheiben (Abtropfgewicht 245 g)**
- **1 kleine Dose Gemüsemais (Abtropfgewicht 100 g)**
- **3 EL Speiseöl**
- **200 ml Gemüsefond oder -brühe**
- **Salz, Pfeffer**
- **1 EL Honig**
- **etwas Sojasauce**
- **1 TL Speisestärke**
- **20 Tacoschalen**

Pro Portion:
E: 5 g, F: 17 g, Kh: 37 g,
kJ: 1272, kcal: 304

1 Für Variante 1 Paprikaschoten halbieren, entstielen, entkernen, die weißen Scheidewände entfernen, die Schoten waschen und in grobe Würfel schneiden. Möhren putzen, schälen, waschen und ebenfalls grob würfeln. Ananasscheiben in einem Sieb abtropfen lassen und achteln. Mais in einem Sieb abtropfen lassen.

2 Öl in einer Pfanne erhitzen. Möhren- und Paprikawürfel darin andünsten. Ananasstücke und Mais hinzufügen und kurz mit andünsten. Fond oder Brühe zugeben und alles etwa 5 Minuten kochen lassen.

3 Mit Salz, Pfeffer, Honig und Sojasauce würzen. Speisestärke darüber stäuben, unterrühren und einmal aufkochen lassen. Die Gemüsemischung erkalten lassen und zu den Tacoschalen servieren.

Für Variante 2:

- **1 Kopf Eisbergsalat**
- **2 rote Zwiebeln**
- **8 mittelgroße Tomaten (400–500 g)**
- **500 g Truthahnbrust-Aufschnitt**
- **200 g Frühstücksspeck**
- **20 Tacoschalen**

Pro Portion:
E: 20 g, F: 28 g, Kh: 29 g,
kJ: 1835, kcal: 439

1 Für Variante 2 Eisbergsalat putzen, waschen und in Streifen schneiden. Zwiebeln abziehen, in feine Scheiben schneiden und in Ringe teilen. Tomaten waschen, abtropfen lassen, Stängelansätze entfernen und Tomaten in Scheiben schneiden.

2 Truthahnbrust in feine Streifen schneiden. Speckscheiben in einer Pfanne kross anbraten.

3 Die Zutaten auf einer Platte anrichten und zu den Tacoschalen servieren.

Tipp:
Zu der Variante 2 passt eine süßliche Chili- oder Cocktailsauce.

Für Variante 3:

- **4 Hähnchenbrustfilets (je 100 g)**
- **Salz**
- **frisch gemahlener Pfeffer**
- **3 EL Speiseöl**
- **1 kleiner Kopf Weißkohl (400 g)**
- **4 dicke Möhren (je 100 g)**
- **20 Tacoschalen**

Pro Portion:
E: 15 g, F: 17 g, Kh: 30 g,
kJ: 1315, kcal: 314

1 Für Variante 3 Hähnchenbrustfilets unter fließendem kalten Wasser abspülen, trockentupfen, salzen und pfeffern. Öl in einer Pfanne erhitzen und die Filets darin 12–15 Minuten braten. Die Filets abkühlen lassen und in Scheiben schneiden.

(Fortsetzung Seite 46)

2 Weißkohl putzen, vierteln, den Strunk herausschneiden, den Kohl waschen und in dünne Streifen schneiden oder grob raspeln. Den Kohl evtl. kurz in Salzwasser blanchieren und abtropfen lassen. Möhren putzen, schälen, waschen und grob raspeln. Kohl- und Möhrenraspel salzen und pfeffern.

3 Die Zutaten auf einer Platte anrichten und zu den Tacoschalen servieren.

Tipp:

Das vorbereitete Gemüse für Variante 3 nach Belieben mit 6 Esslöffeln Mayonnaise vermischen.

Für Variante 4:

- **1 kg Fleischtomaten**
- **1 Bund Frühlingszwiebeln**
- **1 Bund Basilikum**
- **Salz, Pfeffer**
- **20 Tacoschalen**

Pro Portion:
E: 5 g, F: 13 g, Kh: 31 g, kJ: 996, kcal: 238

1 Für Variante 4 Tomaten waschen, abtropfen lassen, halbieren, Stängelansätze und Kerne entfernen und das Fruchtfleisch würfeln. Frühlingszwiebeln putzen, waschen und in feine Ringe schneiden. Basilikum abspülen, trockentupfen, die Blättchen von den Stängeln zupfen und grob zerkleinern.

2 Die Zutaten auf einer Platte anrichten und Tomaten mit Salz und Pfeffer bestreuen. Nach Belieben die Zutaten vermischen und zu den Tacoschalen servieren.

Tipp:

Zu der Variante 4 Cocktailsauce oder Mayonnaise servieren. Nach Belieben zusätzlich noch Mozzarellawürfel und Olivenscheiben untermischen.

Tipp:

Alle Zutaten können vorbereitet werden, die Tacoschalen aber erst kurz vor dem Verzehr füllen. Auch hier können die Kinder mithelfen und die Tacoschalen am Tisch selber füllen.

Fliegenpilze

8 Stück
Zubereitungszeit: 25 Min.

Pro Portion:
E: 8 g, F: 8 g, Kh: 2 g, kJ: 506, kcal: 121

- **8 hart gekochte Eier (Größe M)**
- **8 kleine Tomaten**
- **Mayonnaise (aus der Tube)**
- **etwas Kresse**

1 Eier pellen und am breiten Ende eine Kuppe abschneiden, damit die Eier gut stehen können.

2 Tomaten waschen, abtrocknen, einen Deckel abschneiden, den Deckel aushöhlen und je einen Tomatendeckel auf ein Ei legen.

3 Die Tomatendeckel wie Fliegenpilze mit Mayonnaisetupfen dekorieren oder die verbliebenen Eiweißkuppen in kleine Würfel schneiden und mit Mayonnaise auf die Tomatendeckel kleben.

4 Die Fliegenpilze auf eine mit Kresse garnierte Platte setzen.

Tipp:

Die restlichen Tomaten nach Belieben aushöhlen und mit Salat füllen. Oder die Tomaten für eine Suppe oder einen Salat verwenden.

Freche Früchtchen

Foto – 8–10 Portionen
Zubereitungszeit: 60 Min.

Pro Portion:
E: 6 g, F: 14 g, Kh: 23 g,
kJ: 1087, kcal: 260

- **1 Dose Aprikosenhälften (Abtropfgewicht 470 g; etwa 20 Hälften)**
- **etwa 20 große Erdbeeren**
- **10 kleine Pflaumen oder Zwetschen**

Für die Füllung:

- **300 g Doppelrahm-Frischkäse**
- **100 ml Milch**
- **Saft von 1 Zitrone**
- **1 EL Zucker**

- **50 g gehackte Pistazien**

1 Aprikosenhälften in einem Sieb abtropfen lassen.

2 Erdbeeren waschen und abtropfen lassen. Erdbeeren waagerecht halbieren (nicht entstielen) und von der unteren Hälfte (ohne Grün) eine Standfläche abschneiden. Die Erdbeerhälften mit Standfläche auf eine große Platte setzen.

3 Pflaumen waschen, abtrocknen, halbieren, entsteinen und zusammen mit den Aprikosenhälften (evtl. eine Standfläche abschneiden) ebenfalls auf die Platte setzen.

4 Für die Füllung Frischkäse mit Milch verrühren und mit Zitronensaft und Zucker würzen. Die Füllung in einen Spritzbeutel mit großer Sterntülle füllen und jeweils einen Tuff auf jede Frucht spritzen.

5 Die Erdbeerhälften mit Grün aufsetzen und leicht andrücken. Gefüllte Aprikosen und Pflaumen mit Pistazien bestreuen.

Leberwurst-Radieschen-Flirt

8 Portionen
Zubereitungszeit: 20 Min.

Pro Portion:
E: 5 g, F: 9 g, Kh: 17 g,
kJ: 759, kcal: 181

- **150 g feine Kalbsleberwurst**
- **2 EL Crème fraîche mit frischen Kräutern**
- **4–5 Tropfen Zitronensaft**
- **1 Prise Zucker**
- **Salz**
- **1 Msp. gemahlener, weißer Pfeffer**
- **6–8 Radieschen**
- **2 kleine Gewürzgurken**
- **2 EL Schnittlauchröllchen**
- **8 Scheiben Grau- oder Mehrkornbrot**
- **evtl. Schnittlauchröllchen**

1 Leberwurst mit Crème fraîche, Zitronensaft, Zucker, Salz und Pfeffer glatt rühren.

2 Radieschen putzen, waschen und zusammen mit den Gewürzgurken in sehr kleine Würfel schneiden. Radieschen- und Gurkenwürfel mit den Schnittlauchröllchen unter die Leberwurstcreme rühren.

3 Die Leberwurstcreme auf die Brotscheiben streichen und nach Belieben mit Schnittlauchröllchen bestreuen.

- **Dekotipp:**

Die Brote mit Radieschen-Mäuschen (S. 136) dekorieren.

IT'S PA
TIME!

Zimttoasts mit Obstspiessen

8–10 Portionen
Zubereitungszeit: 30 Min.

Pro Portion:
E: 10 g, F: 18 g, Kh: 34 g, kJ: 1490, kcal: 356

- **6 Eier (Größe M)**
- **250 ml (1/4 l) Milch**
- **2 EL Zucker**
- **gemahlener Zimt**
- **4 Kiwis**
- **4 Scheiben Ananas**
- **16 Erdbeeren**
- **1 Bund Minze oder Zitronenmelisse**
- **3–4 EL flüssiger Honig**
- **125 g Butter oder Margarine**
- **16 Scheiben Toastbrot**

1 Eier mit Milch, Zucker und Zimt verquirlen.

2 Kiwis schälen und in je 4 Scheiben schneiden. Ananasscheiben vierteln. Erdbeeren waschen, abtropfen lassen und entstielen. Minze oder Zitronenmelisse abspülen, gut trockentupfen und in feine Streifen schneiden.

3 Je 1 Ananasviertel, 1 Kiwischeibe und 1 Erdbeere auf 16 Holzspießchen aufreihen. Die Früchte mit Honig bepinseln und mit Minze- oder Zitronenmelissestreifen bestreuen.

4 Butter oder Margarine in einer beschichteten Pfanne erhitzen. Die Toastscheiben halbieren, durch das Eiergemisch ziehen und von beiden Seiten goldgelb braten.

5 Die Zimttoasts mit den Fruchtspießen auf Tellern anrichten und mit Minze- oder Zitronenmelisseblättern garnieren.

Tipp:
Für die Fruchtspieße können Sie natürlich auch andere Früchte verwenden, wie z. B. Bananen, Weintrauben und Aprikosen.

Gerichte mit Fleisch

Wer ordentlich feiert, muss auch ordentlich essen. Hier sind tolle Gerichte, die müde Krieger wieder munter machen.

Nussige Schnutenpitzel

8 Portionen
Zubereitungszeit: 30 Min.

Pro Portion:
E: 20 g, F: 32 g, Kh: 7 g, kJ: 1725, kcal: 412

- **2 Eier**
- **8 kleine Putenschnitzel (je 80 g)**
- **Salz**
- **frisch gemahlener, weißer Pfeffer**
- **etwas Weizenmehl**
- **200 g gehackte Haselnusskerne**
- **4 EL Speiseöl**
- **40 g Butter**

1 Eier verquirlen. Putenschnitzel unter fließendem kalten Wasser abspülen, trockentupfen, salzen und pfeffern. Die Schnitzel zunächst in Mehl, dann in Ei, zuletzt in Haselnusskernen wenden und etwas andrücken.

2 Öl und Butter in einer Pfanne erhitzen. Die Schnitzel darin von beiden Seiten bei mittlerer Hitze 5–10 Minuten braten.

Beilage:
Dazu einen gemischten Salat und Reis servieren.

Abwandlung:
Anstelle der Haselnusskerne können Sie die Schnitzel auch in gehackten Mandeln oder Erdnusskernen wenden.

Dekotipp:
Schlichte Teller kann man durch kleine Aufkleber auf dem Rand schnell aufpeppen.

Rolle-rückwärts-Spiesse

Foto – 10 Stück
Zubereitungszeit: 40 Min.

Pro Stück:
E: 21 g, F: 15 g, Kh: 1 g,
kJ: 1010, kcal: 241

- **20 Cocktailtomaten (350 g)**
- **200 g Zucchini**
- **1 kg Putenfleisch aus der Brust (vom Metzger in etwa 30 hauchdünne, kleine Scheiben geschnitten)**
- **Salz**
- **frisch gemahlener Pfeffer**
- **6 EL Speiseöl**

1 Tomaten waschen und abtrocknen. Zucchini waschen, abtrocknen, die Enden abschneiden und Zucchini in 20 Scheiben schneiden.

2 Die Putenfleischscheiben aufrollen. Auf 10 Holzspieße abwechselnd je 3 Putenröllchen, 2 Cocktailtomaten und 2 Zucchinischeiben spießen. Die Spieße mit Salz und Pfeffer würzen.

3 Öl in einer Pfanne erhitzen und die Spieße darin von beiden Seiten etwa 10 Minuten braten.

Beilage:
Dazu schmeckt Tomatenreis oder Kräuterbaguette.

Abwandlung:
Anstelle von Cocktailtomaten und Zucchinischeiben eignen sich auch Zwiebelviertel, Paprikastücke oder kleine Maiskölbchen (aus dem Glas).

Tipp:
Die Spieße eignen sich auch für eine Grillparty im Freien.

Hot Dogs

8 Portionen
Zubereitungszeit: 30 Min.

Pro Portion:
E: 26 g, F: 32 g, Kh: 48 g,
kJ: 2581, kcal: 617

- **2 l Wasser**
- **8 Wiener Würstchen**
- **8 Gewürzgurken**
- **2 Zwiebeln**
- **8 Baguettebrötchen**
- **100 ml Tomatenketchup**
- **etwas Senf oder Mayonnaise**

1 Wasser erhitzen, die Würstchen hineingeben und etwa 10 Minuten ohne Deckel ziehen lassen (Wasser darf nicht kochen, sondern muss nur sehr heiß sein).

2 Gewürzgurken abtropfen lassen und fein würfeln. Zwiebeln abziehen und ebenfalls in kleine Würfel schneiden.

3 Von den Brötchen an der längeren Seite eine dünne Scheibe abschneiden und das Brötcheninnere etwas aushöhlen.

4 In jedes Brötchen 1 Würstchen legen. Gurken- und Zwiebelwürfel, Tomatenketchup und Senf oder Mayonnaise hineingeben.

Tipp:
Die Hot Dogs können von den Kindern gut selber gefüllt werden. Die vorbereiteten Zutaten (evtl. zusätzlich Mais, Tomatenwürfel und geriebenen Käse) auf den Tisch stellen und jeder kann sich seinen eigenen Hot Dog zusammenstellen.

Hähnchen im Gemüsebett

Foto – 8–10 Portionen
Zubereitungszeit: 50 Min.

Pro Portion:
E: 23 g, F: 6 g, Kh: 2 g,
kJ: 675, kcal: 161

- **200 g Broccoli**
- **200 g Blumenkohl**
- **200 g Kohlrabi**
- **200 g Möhren**
- **500 ml (1/2 l) Gemüsebrühe**
- **8–10 kleine Hähnchenbrustfilets (je 80–100 g)**
- **Salz**
- **frisch gemahlener Pfeffer**
- **4 EL Speiseöl**

1 Von Broccoli und Blumenkohl Blätter und schlechte Stellen entfernen, waschen und in Röschen teilen. Kohlrabi schälen und waschen. Möhren putzen, schälen und waschen. Kohlrabi und Möhren in Stifte schneiden.

2 Gemüsebrühe in einem Topf erhitzen. Zunächst Kohlrabi und Möhren darin 3 Minuten garen, dann Blumenkohl zugeben und alles etwa 2 Minuten garen, zum Schluss Broccoli hinzufügen und alles weitere 3 Minuten garen.

3 Hähnchenbrustfilets unter fließendem kalten Wasser abspülen, trockentupfen, salzen und pfeffern.

4 Öl in einer Pfanne erhitzen. Die Filets bei mittlerer Hitze 8–10 Minuten braten. Die Filets zu dem Gemüse servieren.

Beilage:
Dazu passen Reis, Kartoffeln oder Baguette.

Tipp:
Für eine geschmackliche und farbliche Variante können Sie 1 Döschen Safran (0,2 g) in die Brühe geben.

Spaghetti Polonäse

8 Portionen
Zubereitungszeit: 40 Min.

Pro Portion:
E: 22 g, F: 18 g, Kh: 47 g,
kJ: 1959, kcal: 467

Für die Sauce:

- **2 große Zwiebeln**
- **4 EL Speiseöl**
- **400 g Rindergehacktes**
- **100 g Tomatenmark**
- **1 TL Salz**
- **3 Dosen abgezogene Tomaten (je 400 g)**

- **500 g Spaghetti**
- **4 EL geriebener Käse, z. B. Gouda oder Parmesan**
- **1 TL Zucker**
- **2 EL Crème fraîche**
- **1–2 TL gerebelter Oregano**

1 Für die Sauce Zwiebeln abziehen und in kleine Würfel schneiden.

2 Öl in einem großen Topf erhitzen. Zwiebelwürfel darin andünsten. Das Gehackte hinzufügen und unter Rühren anbraten, dabei die Klümpchen mit einer Gabel zerdrücken.

3 Tomatenmark, Salz und Tomaten mit dem Saft hinzufügen. Die Tomaten mit einem Kochlöffel zerdrücken. Die Sauce bei schwacher Hitze etwa 20 Minuten kochen lassen, dabei immer wieder umrühren.

(Fortsetzung Seite 58)

4 Inzwischen Spaghetti in reichlich Salzwasser nach Packungsanleitung bissfest kochen, in ein Sieb geben und abtropfen lassen.

5 Die Sauce mit Zucker, Crème fraîche und Oregano abschmecken. Spaghetti und Sauce auf Tellern verteilen und mit Käse bestreuen.

■ **Tipp:**
Die Sauce kann bereits am Vortag zubereitet werden.

Käseschnitte "Gänseliesel"

8 Portionen
Zubereitungszeit: 50 Min.

Pro Portion:
E: 26 g, F: 47 g, Kh: 18 g, kJ: 2660, kcal: 635

Für den Salat:
- **50 g Feldsalat**
- **1 Lollo rosso**
- **1 Lollo biondo**
- **1 Bund glatte Petersilie**
- **6 EL Speiseöl**
- **3 EL Balsamico-Essig**
- **Salz**
- **frisch gemahlener Pfeffer**

Für die Käseschnitten:
- **200 g gekochter Schinken**
- **16 Scheiben Stangenweißbrot (etwa 1 Stange)**
- **100 g Butter oder Margarine**
- **16 kleine Scheiben Gouda (350 g)**
- **50 g Butter oder Margarine**
- **8 kleine Eier (Größe S)**

1 Für den Salat von dem Feldsalat die Wurzelenden abschneiden, schlechte Blätter entfernen und den Salat gründlich waschen. Lollo rosso und biondo putzen, zerpflücken und waschen. Die Salate gut abtropfen lassen oder trockenschleudern.

2 Petersilie abspülen, trockentupfen und die Blättchen von den Stängeln zupfen. Öl und Essig verrühren und mit Salz und Pfeffer würzen.

3 Für die Käseschnitten Schinken in Würfel schneiden. Die Brotscheiben mit Butter oder Margarine bestreichen, mit Schinkenwürfeln und Goudascheiben belegen und auf ein Backblech legen. Das Backblech in den Backofen schieben und die Schnitten überbacken.

Ober-/Unterhitze:
etwa 200 °C (vorgeheizt)
Heißluft: etwa 180 °C (vorgeheizt)
Gas: Stufe 3–4 (vorgeheizt)
Backzeit: 8–10 Min.

4 In der Zwischenzeit Butter oder Margarine in einer Pfanne zerlassen. Eier vorsichtig aufschlagen und nebeneinander in das Fett gleiten lassen. Das Eiweiß mit Salz bestreuen und die Eier etwa 5 Minuten braten lassen (evtl. die Eier in 2 Portionen oder in 2 Pfannen braten). Nach Belieben die Ränder glatt schneiden.

5 Die Käseschnitten auf Tellern anrichten, mit jeweils einem Spiegelei belegen, mit den vorbereiteten Salatzutaten umkränzen und den Salat mit der Essig-Öl-Marinade beträufeln.

■ **Dekotipp:**
Wenn Sie die Spiegeleier einmal anders formen möchten, können Sie z. B. große Plätzchen-Ausstechförmchen in die Pfanne setzen und die Eier hineingleiten lassen.

■ **Tipp:**
Den Salat mit einigen essbaren Blüten, wie z. B. Gänseblümchen oder Kapuzinerkresse, garnieren.

Piratenspiesschen

Foto – 8 Stück
Zubereitungszeit: 50 Min.

Pro Stück:
E: 15 g, F: 6 g, Kh: 6 g,
kJ: 574, kcal: 137

- **500 g Rinderfilet oder dickes Roastbeef**
- **frisch gemahlener, weißer Pfeffer**
- **8 kleine Zwiebeln**
- **2 Möhren**
- **8 kleine, eingelegte Maiskölbchen (aus der Dose)**
- **je 1 rote und grüne Paprikaschote**
- **2 gelbe Paprikaschoten**
- **2 EL Speiseöl**
- **1 gestr. TL Salz**

1 Das Fleisch unter fließendem kalten Wasser abspülen, trockentupfen, in 24 Würfel schneiden und mit Pfeffer bestreuen.

2 Zwiebeln abziehen und halbieren. Möhren putzen, schälen, waschen und in nicht zu dünne Scheiben schneiden. Maiskölbchen in einem Sieb abtropfen lassen und quer durchschneiden. Paprikaschoten halbieren, entstielen, entkernen, die weiße Scheidewände entfernen, die Schoten waschen und in etwa 40 Stücke schneiden.

3 Die Fleischwürfel abwechselnd mit dem vorbereiteten Gemüse auf 8 Schaschlikspieße stecken. Das erste und das letzte Stück sollte Fleisch sein, damit nichts verrutscht.

4 Öl in einer Pfanne erhitzen und die Spieße von allen Seiten rundherum10–15 Minuten braten. Zum Schluss mit Salz würzen.

Beilage:
Dazu Pommes frites oder Reis servieren.

Abwandlung:
Anstelle des Rindfleisches können Sie auch Hähnchen- oder Putenfleisch nehmen. Es können auch andere Gemüsesorten, wie z. B. Kohlrabi, Tomaten oder Champignons, verwendet werden.

Tipp:
Hier können die Kinder ihre Spieße selber zusammenstellen.

Hick-Hack-Pfanne

8–10 Portionen
Zubereitungszeit: 35 Min.

Pro Portion:
E: 18 g, F: 27 g, Kh: 4 g,
kJ: 1483, kcal: 354

- **400 g Zucchini**
- **1–2 Knoblauchzehen**
- **1 kleine Dose abgezogene Tomaten (400 g)**
- **1 Bund Thymian**
- **4 EL Speiseöl**
- **800 g Gehacktes (halb Rind-, halb Schweinefleisch)**
- **Salz, Pfeffer**
- **4 EL Tomatenketchup**

1 Zucchini waschen, abtrocknen, die Enden abschneiden und Zucchini in Scheiben schneiden.

2 Knoblauch abziehen und fein hacken. Tomaten abtropfen lassen und klein schneiden. Thymian abspülen, trockentupfen und die Blättchen von den Stängeln zupfen.

3 Öl in einer Pfanne erhitzen. Das Gehackte hinzufügen und unter Rühren anbraten, dabei die Klümpchen mit einer Gabel zerdrücken.

(Fortsetzung Seite 62)

4 Zucchini hinzufügen und kurz mitbraten lassen. Tomatenstücke und Thymianblättchen hinzufügen und unter Rühren erwärmen. Mit Salz, Pfeffer, Knoblauch und Ketchup abschmecken.

■ **Beilage:**
Dazu schmecken Spiralnudeln oder warmes Weißbrot.

■ **Abwandlung:**
Anstelle der Zucchini können Sie auch Paprikaschoten verwenden.

■ **Tipp:**
Wenn Sie etwas mehr Sauce haben möchten, können Sie den Tomatensaft aus der Dose hinzufügen.
Die Hick-Hack-Pfanne kann bereits am Vortag zubereitet und vor dem Verzehr wieder erwärmt werden.

Hähnchenschenkel in Mandarinensauce

8–10 Portionen
Zubereitungszeit: 80 Min.

Pro Portion:
E: 33 g, F: 19 g, Kh: 7 g,
kJ: 1393, kcal: 333

- **16–20 Hähnchenunterschenkel (etwa 2 kg)**
- **Salz**
- **frisch gemahlener Pfeffer**
- **1 Zwiebel**
- **200 g kleine Champignons**
- **1 Dose Mandarinen (Abtropfgewicht 175 g)**
- **5 EL Speiseöl**
- **1 EL Tomatenmark**
- **30 g Weizenmehl**
- **300 ml Geflügelfond**

1 Hähnchenschenkel unter fließendem kalten Wasser abspülen, trockentupfen, salzen und pfeffern. Zwiebel abziehen und in kleine Würfel schneiden. Champignons putzen, mit Küchenpapier abreiben und evtl. abspülen. Mandarinen in einem Sieb abtropfen lassen, dabei den Saft auffangen.

2 Öl in einem Bräter erhitzen, das Fleisch von allen Seiten darin anbraten, herausnehmen und beiseite stellen.

3 Zwiebelwürfel und Champignons in dem verbliebenen Fett andünsten. Tomatenmark unterrühren. Mehl darüber stäuben, Geflügelfond und den aufgefangenen Mandarinensaft hinzufügen und umrühren. Die angebratenen Hähnchenschenkel hineinlegen und etwa 40 Minuten schmoren.

4 Mandarinen kurz vor Beendigung der Garzeit hinzufügen und miterhitzen. Die Sauce mit Salz und Pfeffer abschmecken.

■ **Beilage:**
Dazu passen Nudeln oder Reis.

■ **Abwandlung:**
Anstelle von Mandarinenfilets können Sie auch frische Orangenfilets verwenden.

■ **Tipp:**
Sie können die Hähnchenschenkel auch im Backofen zubereiten. Dazu die Schenkel wie oben angegeben anbraten und in eine große Auflaufform geben. Die Zutaten für die Sauce verrühren und hinzufügen. Alles bei etwa 200 °C (Ober-/Unterhitze, vorgeheizt), etwa 180 °C (Heißluft, nicht vorgeheizt) oder Stufe 3–4 (Gas, nicht vorgeheizt) etwa 40 Minuten garen.

Pfannkuchen "Max & Moritz"

8–10 Portionen
Zubereitungszeit: 45 Min.

Pro Portion:
E: 13 g, F: 24 g, Kh: 43 g, kJ: 1949, kcal: 465

Für das Pfannkuchen-Grundrezept:

- **250 g Weizenmehl**
- **4 Eier (Größe M)**
- **200 ml Mineralwasser**
- **250 ml (1/4 l) Milch**

Für die Max-Pfannkuchen (8 Stück):

- **1/2 Portion Pfannkuchenteig**
- **1/2 gestr. TL Salz**
- **frisch gemahlener Pfeffer**
- **1 Dose Gemüsemais (Abtropfgewicht 265 g)**
- **250 g Cocktailtomaten**
- **200 g gekochter Schinken**
- **2 Bund Schnittlauch**
- **75 ml Speiseöl**

Für die Moritz-Pfannkuchen (8 Stück):

- **1/2 Portion Pfannkuchenteig**
- **20 g Zucker**
- **1 Glas Sauerkirschen (Abtropfgewicht 370 g)**
- **75 ml Speiseöl**
- **etwa 50 g Puderzucker**

1 Für das Pfannkuchen-Grundrezept Mehl in eine Rührschüssel sieben und in die Mitte eine Vertiefung eindrücken. Eier mit Mineralwasser und Milch verschlagen und etwas davon in die Vertiefung geben. Von der Mitte aus Eierflüssigkeit und Mehl verrühren und nach und nach die übrige Eierflüssigkeit dazugeben, dabei darauf achten, dass keine Klümpchen entstehen.

2 Für den Max-Pfannkuchen Salz und Pfeffer unter die Hälfte des Teiges rühren. Mais in einem Sieb abtropfen lassen. Cocktailtomaten waschen, abtrocknen und halbieren. Schinken in Streifen oder Würfel schneiden. Schnittlauch abspülen, trockentupfen und klein schneiden.

3 Einen Esslöffel Öl in einer Pfanne (Ø etwa 20 cm) erhitzen. Eine dünne Teiglage hineingeben (die Pfanne hin und her bewegen, damit sich der Teig gut verteilt).

4 Einen Teil der Tomatenhälften, Schinkenwürfel, Schnittlauchröllchen und Maiskörner auf dem Pfannkuchen verteilen und zugedeckt so lange backen, bis sich die Unterseite bräunt. Den Pfannkuchen dann mit Hilfe eines Pfannenwenders herausnehmen und warm stellen. Die übrigen 7 Pfannkuchen genauso backen.

5 Für den Moritz-Pfannkuchen unter den restlichen Pfannkuchenteig Zucker rühren. Kirschen in einem Sieb abtropfen lassen.

6 Einen Esslöffel Öl in einer Pfanne (Ø etwa 20 cm) erhitzen. Eine dünne Teiglage hineingeben (die Pfanne hin und her bewegen, damit sich der Teig gut verteilt).

7 Einige Kirschen darauf verteilen. Den Pfannkuchen zugedeckt so lange backen, bis sich die Unterseite bräunt und warm stellen. Die übrigen 7 Pfannkuchen genauso backen.

8 Die Moritz-Pfannkuchen vor dem Servieren mit Puderzucker bestäuben.

Tipp:
Die Kinder können die Pfannkuchen auch selber füllen. Dazu aus dem Teig einfache Pfannkuchen von beiden Seiten hellbraun backen. Die übrigen Zutaten kurz erhitzen und in Schälchen auf den Tisch stellen (evtl. den Sauerkirschsaft auffangen, mit Speisestärke andicken und die Früchte unterrühren).

MAX

Muskketier-Spiesse

Foto – 10 Stück
Zubereitungszeit: 45 Min.

Pro Stück:
E: 30 g, F: 19 g, Kh: 10 g,
kJ: 1501, kcal: 359

- **je 1 rote, gelbe und grüne Paprikaschote (je 200 g)**
- **40 Nürnberger Würstchen**
- **5 EL Speiseöl**
- **1 Flasche (250 ml) Barbecuesauce oder süße Chilisauce**

1 Paprikaschoten halbieren, entstielen, entkernen, die weißen Scheidewände entfernen, die Schoten waschen und jede Hälfte in etwa 8 gleich große Spalten schneiden.

2 Auf 10 Spieße abwechselnd 4 Würstchen und 3 verschiedene Paprikaspalten aufreihen.

3 Öl in einer Pfanne erhitzen und die Spieße darin etwa 10 Minuten braten, dabei ab und zu wenden.

4 Barbecue- oder Chilisauce kalt oder warm dazu reichen.

Abwandlung:
Anstelle der Nürnberger Würstchen können Sie auch Cocktailwürstchen verwenden.

Tipp:
Die Spieße eignen sich auch für eine Grillparty im Freien. Sie dazu vor dem Grillen gut mit Speiseöl bestreichen oder kurz darin marinieren.

Spaghetti Carbonara

8 Portionen
Zubereitungszeit: 30 Min.

Pro Portion:
E: 24 g, F: 27 g, Kh: 43 g,
kJ: 2249, kcal: 537

- **500 g Spaghetti**
- **300 g gekochter Schinken**
- **5 Eier (Größe M)**
- **250 ml (1/4 l) Schlagsahne**
- **Salz**
- **frisch gemahlener, weißer Pfeffer**
- **3 EL Speiseöl**
- **50 g geriebener Käse, z. B. Gouda oder Parmesan**

1 Spaghetti in reichlich kochendem Salzwasser nach Packungsanleitung bissfest kochen, in ein Sieb geben und abtropfen lassen.

2 Schinken in Würfel schneiden. Eier mit Sahne verschlagen und mit Salz und Pfeffer würzen.

3 Öl in dem Spaghettitopf erhitzen und den Schinken darin kurz anbraten. Die Spaghetti hinzufügen und die Eiersahne darüber gießen. Die Eiersahne unter Rühren stocken lassen.

4 Die Spaghetti Carbonara in eine Schüssel geben und mit Käse bestreut servieren.

Beilage:
Dazu einen Salat servieren.

Abwandlung:
Das Gericht schmeckt etwas kräftiger, wenn Sie einen Teil des gekochten Schinkens durch fein gewürfelten, durchwachsenen Speck ersetzen.

Tipp:
Schmeckt auch lecker mit bunten oder Vollkornspaghetti.

Sesam-öffne-dich-Bällchen

Foto – 10 Portionen
Zubereitungszeit: 50 Min.

Pro Portion:
E: 26 g, F: 51 g, Kh: 5 g,
kJ: 2600, kcal: 621

- **1 kg Geflügelhackfleisch (evtl. beim Metzger vorbestellen)**
- **3 Eier (Größe M)**
- **50 g Semmelbrösel**
- **Salz**
- **frisch gemahlener, schwarzer Pfeffer**
- **200 g Sesamsamen**
- **750 ml (3/4 l) Speiseöl zum Ausbacken**

1 Hackfleisch in eine große Schüssel geben. Eier und Semmelbrösel unterkneten und die Masse mit Salz und Pfeffer würzen. Aus der Masse etwa 30 kleine Bällchen formen und in Sesamsamen wälzen.

2 Öl in einem kleinen, hohen Topf erhitzen. Die Fleischbällchen darin portionsweise jeweils etwa 5 Minuten ausbacken.

Beilage:
Zu den Geflügelhackfleischbällchen passt Früchtereis (gekochter Langkornreis mit Pfirsich-, Ananas- und Erdbeerstückchen vermengt) und Soja- oder Currysauce.

Abwandlung:
Anstelle von Geflügelhackfleisch können Sie auch Schweinehackfleisch verwenden.

Tipp:
Vor dem Formen der Hackfleischbällchen die Hände in kaltes Wasser tauchen, damit das Hackfleisch nicht so stark an den Fingern haften bleibt. Die Hackfleischmasse wird schön locker, wenn man 1 in Wasser eingeweichtes, ausgedrücktes Brötchen (Semmel) unterarbeitet.

Nuggets mit Affenreis

8–10 Portionen
Zubereitungszeit: 60 Min.

Pro Portion:
E: 46 g, F: 33 g, Kh: 55 g,
kJ: 2934, kcal: 701

Für den Affenreis:
- **500 g Langkornreis**
- **1 Zwiebel**
- **2 Bananen**
- **60 g Butter**
- **1 TL mildes Currypulver**
- **Salz, Pfeffer**

Für die Nuggets:
- **8 Hähnchenbrustfilets (je 180 g)**
- **40 g Weizenmehl**
- **2 Eier**
- **200 g Kokosraspel**
- **8 EL Speiseöl**

1 Für den Affenreis Reis in Salzwasser nach Packungsanleitung gar kochen, in ein Sieb geben und gut abtropfen lassen.

2 Zwiebel abziehen und würfeln. Bananen schälen und ebenfalls in Würfel schneiden.

3 Butter in einem großen Topf erhitzen. Die Zwiebelwürfel darin andünsten und mit Currypulver bestreuen. Den gekochten Reis und die Bananenwürfel sorgfältig untermischen und alles mit Salz und Pfeffer würzen.

(Fortsetzung Seite 70)

4 Für die Nuggets Hähnchenbrustfilets unter fließendem kalten Wasser abspülen, trockentupfen und jedes Filet in 4 Teile schneiden.

5 Die Fleischstücke mit Salz, Pfeffer und Currypulver würzen und zuerst in Mehl, dann in verschlagenem Ei, zum Schluss in Kokosraspeln wälzen und etwas andrücken.

6 Öl portionsweise in einer Pfanne erhitzen und die Nuggets portionsweise bei mittlerer Hitze etwa 5 Minuten rundum braun braten. Nuggets zu dem Reis servieren.

■ **Abwandlung:**
Anstelle des Hähnchenfleisches können auch Schweineschnitzel verwendet werden.

Dschungelschnitzel à la Tarzan

8 Portionen
Zubereitungszeit: 25 Min.

Pro Portion:
E: 36 g, F: 32 g, Kh: 9 g, kJ: 2084, kcal: 498

- **8 kleine Putenschnitzel (je etwa 180 g)**
- **1 TL Salz**
- **2 gestr. TL Currypulver**
- **2 Eier**
- **150 g Kokosraspel**
- **6 EL Speiseöl**
- **Saft von 1 Zitrone**

1 Putenschnitzel unter fließendem kalten Wasser abspülen, trockentupfen und mit Salz und Currypulver bestreuen.

2 Eier auf einem Teller mit einer Gabel verschlagen. Kokosraspel auf einen anderen Teller geben. Die Putenschnitzel zuerst in Ei, dann in Kokosraspeln wälzen und etwas andrücken.

3 Die Hälfte des Öls in einer Pfanne erhitzen, 4 Putenschnitzel von jeder Seite etwa 5 Minuten goldgelb braten und warm stellen. Die restlichen Schnitzel ebenso braten. Die Schnitzel vor dem Servieren mit Zitronensaft beträufeln.

■ **Beilage:**
Dazu Reis und Curryfrüchte servieren. Für die **Curryfrüchte** eine Dose Cocktailfrüchte (Abtropfgewicht 185 g) abtropfen lassen, dabei den Saft auffangen. 30 g Butter in einem Topf zerlassen und 30 g Weizenmehl darin unter Rühren so lange erhitzen, bis es hellgelb ist. 500 ml (1/2 l) Flüssigkeit (aufgefangener Saft mit Wasser aufgefüllt) nach und nach hinzugießen, mit einem Schneebesen durchschlagen, dabei darauf achten, dass keine Klümpchen entstehen und etwa 5 Minuten kochen lassen. Mit Currypulver, Salz und Pfeffer abschmecken und die Früchte unterrühren.

■ **Abwandlung:**
Anstelle der Kokosraspel können Sie die Schnitzel auch in Semmelbröseln oder zerbröselten Cornflakes wenden.

■ **Tipp:**
Die Dschungelschnitzel schmecken auch kalt sehr lecker und eignen sich für ein Picknick.

Gerichte ohne Fleisch

Hier kommt der Beweis: es muss nicht immer Fleisch sein für die Fütterung der Raubtiere.

Schmetterlingspfanne

8–10 Portionen
Zubereitungszeit: 50 Min.

Pro Portion:
E: 12 g, F: 8 g, Kh: 58 g, kJ: 1561, kcal: 372

- **750 g Schmetterlingsnudeln (Farfalle)**
- **je 1 rote, grüne und gelbe Paprikaschote (je etwa 180 g)**
- **3 dünne Zucchini (etwa 200 g)**
- **etwa 200 g Broccoli**
- **4 EL Olivenöl**
- **75 ml Gemüsebrühe**
- **Salz, Pfeffer**
- **1 Bund Thymian**

1 Nudeln in reichlich Salzwasser nach Packungsanleitung bissfest kochen, in ein Sieb geben und abtropfen lassen.

2 Paprikaschoten halbieren, entstielen, entkernen, die weißen Scheidewände entfernen, die Schoten waschen und würfeln. Zucchini waschen, die Enden abschneiden, Zucchini halbieren und in Scheiben schneiden.

3 Vom Broccoli die Blätter entfernen, Broccoli waschen und in kleine Röschen teilen. Broccoliröschen evtl. in Salzwasser 2 Minuten blanchieren, in ein Sieb geben und abtropfen lassen.

4 Öl erhitzen. Paprikawürfel und Zucchinischeiben darin kurz andünsten. Broccoli und Brühe hinzufügen und kurz mitdünsten. Nudeln hinzufügen. Alles mit Salz und Pfeffer würzen.

5 Thymian abspülen, trockentupfen, die Blättchen von den Stängeln zupfen und die Schmetterlingspfanne damit bestreuen.

Abwandlung:
Es können auch andere Nudelsorten, z. B. Penne oder Muschelnudeln, und andere Gemüsesorten, z. B. Blumenkohl, Möhren oder Sellerie, verwendet werden.

Torero-Paella "Olé"

Foto – 8 Portionen
Zubereitungszeit: 50 Min.

Pro Portion:
E: 5 g, F: 11 g, Kh: 46 g,
kJ: 1279, kcal: 305

- **2 mittelgroße Zwiebeln**
- **400 g Möhren**
- **2 große, grüne Paprikaschoten**
- **je 1 große, rote und gelbe Paprikaschote**
- **2 Stangen Porree (Lauch)**
- **75 ml Olivenöl**
- **400 g Langkornreis**
- **50 g Tomatenmark**
- **3 gestr. TL Salz**
- **1–2 TL gerebelter Oregano**
- **1,5 l heiße Gemüsebrühe**

1 Zwiebeln abziehen und in große Würfel schneiden. Möhren putzen, schälen, waschen und ebenfalls in große Würfel schneiden.

2 Paprikaschoten halbieren, entstielen, entkernen, die weißen Scheidewände entfernen, die Schoten waschen und in Streifen schneiden. Porree putzen, die Stangen längs halbieren, waschen und ebenfalls in Streifen schneiden.

3 Öl in einer großen Pfanne erhitzen und die Zwiebelwürfel darin andünsten. Dann Reis, das vorbereitete Gemüse und Tomatenmark hinzufügen und alles verrühren. Mit Salz und Oregano würzen.

4 Gemüsebrühe hinzugeben und die Paella zugedeckt etwa 25 Minuten bei schwacher Hitze garen lassen. Dabei zwischendurch immer wieder umrühren.

Abwandlung:
Sie können auch frische, in Scheiben geschnittene Champignons und Erbsen in die Paella geben.

Spanisches Rührei

8–10 Portionen
Zubereitungszeit: 25 Min.

Pro Portion:
E: 14 g, F: 20 g, Kh: 2 g,
kJ: 1102, kcal: 263

- **16 Eier (Größe M)**
- **Salz, Pfeffer**
- **1 Bund Basilikum**
- **1 Bund Frühlingszwiebeln**
- **1 Dose Tomatenwürfel (400 g)**
- **2 EL Olivenöl**
- **60 g Butter oder Margarine**

1 Eier in einer Schüssel verquirlen und mit Salz und Pfeffer würzen. Basilikum abspülen, trockentupfen, die Blättchen von den Stängeln zupfen und klein schneiden. Frühlingszwiebeln putzen, waschen und in feine Ringe schneiden. Tomatenwürfel in einem Sieb abtropfen lassen.

2 Öl in einer großen Pfanne erhitzen. Frühlingszwiebelringe, Tomatenwürfel und Basilikum darin andünsten. Die Mischung salzen und pfeffern und zu den Eiern geben.

3 Butter oder Margarine in der Pfanne zerlassen und die Eier-Gemüse-Mischung hineingeben. Sobald die Masse zu stocken beginnt, sie strichweise vom Boden der Pfanne losrühren.

4 So lange weiter erhitzen, bis keine Flüssigkeit mehr vorhanden ist. Das Rührei muss großflockig, aber nicht trocken sein.

Beilage:
Dazu schmeckt frisch getoastetes Weißbrot und ein bunter Salat.

CALA FIGUERA

Brot-Tortillas "Sombrero"

10–12 Portionen
Zubereitungszeit: 50 Min.

Pro Portion:
E: 13 g, F: 16 g, Kh: 28 g,
kJ: 1347, kcal: 322

- **10 Eier (Größe M)**
- **50 g Weizenmehl**
- **300 ml Milch**
- **2 mittelgroße Zwiebeln**
- **500 g Toastbrot**
- **1 Bund Schnittlauch**
- **100 g Butter oder Margarine**

1 Eier mit Mehl und Milch verschlagen, dabei darauf achten, dass keine Klümpchen entstehen.

2 Zwiebeln abziehen und in Würfel schneiden. Toastbrot würfeln. Schnittlauch abspülen, trockentupfen und in kleine Röllchen schneiden.

3 Für jede Tortilla (bei mittlerer Pfannengröße erhält man etwa 5 Tortillas) einen Teil des Fettes in einer beschichteten Pfanne erhitzen.

4 Portionsweise zunächst Zwiebelwürfel darin andünsten, dann Toastbrotwürfel darin anrösten, einen Teil des Eiergemisches dazugeben und stocken lassen. Die fertige Tortilla herausnehmen und warm stellen.

5 Diesen Vorgang wiederholen, bis alle Zutaten aufgebraucht sind.

6 Die Tortillas vor dem Servieren mit Schnittlauch bestreuen.

Beilage:
Zu der Tortilla nach Belieben einen Tomatensalat mit einer Zitronen-Öl-Sauce servieren.

Tipp:
Anstelle der etwa 5 kleinen können Sie auch eine große Tortilla zubereiten. Dazu die gesamten Zutaten in eine große Auflaufform oder eine Fettfangschale geben (Zwiebel- und Toastbrotwürfel vorher in einer Pfanne anrösten) und im Backofen bei etwa 200 °C (Ober-/Unterhitze, vorgeheizt), 180 °C (Heißluft, vorgeheizt) oder Stufe 3–4 (Gas, vorgeheizt) etwa 15 Minuten stocken lassen.

Herzoginnen-Törtchen

8–10 Portionen
Zubereitungszeit: 90 Min.

Pro Portion:
E: 7 g, F: 10 g, Kh: 32 g,
kJ: 1070, kcal: 255

Für die Törtchen:

- **1,2 kg mehlig kochende Kartoffeln**
- **200 g Broccoli**
- **3 große Möhren**
- **3 gelbe Paprikaschoten**
- **6 Eigelb (Größe M)**
- **60 g Speisestärke**
- **Salz**
- **frisch gemahlener, weißer Pfeffer**
- **geriebene Muskatnuss**

Für das Gemüse:

- **200 g Zuckerschoten**
- **250 g Broccoli**
- **je 1 rote und gelbe Paprikaschote**
- **80 g Kräuterbutter**

1 Kartoffeln waschen, schälen, abspülen, in Salzwasser zum Kochen bringen und in 20–25 Minuten gar kochen lassen.

2 In der Zwischenzeit vom Broccoli die Blätter entfernen, Broccoli waschen und in Röschen teilen. Möhren putzen, schälen und waschen. Paprikaschoten halbieren, entstielen, entkernen, die weißen Scheidewände entfernen und die Schoten waschen. Das Gemüse klein schneiden, getrennt voneinander in Salzwasser weich kochen und abtropfen lassen. Die Gemüsesorten getrennt pürieren.

3 Kartoffeln abgießen, durch eine Kartoffelpresse drücken und auf 3 Schüsseln verteilen. Je 2 Eigelb, 20 g Speisestärke und eine Sorte Gemüsepüree dazugeben. Mit Salz, Pfeffer und Muskat würzen und gut verrühren.

4 Die Gemüse-Kartoffel-Massen mit Hilfe eines Spritzbeutels mit Sterntülle auf ein gefettetes Backblech zu Rosetten spritzen und im Backofen warm halten.

5 Für das Gemüse Zuckerschoten putzen und waschen. Vom Broccoli die Blätter entfernen, Broccoli waschen und in Röschen teilen. Paprikaschoten halbieren, entstielen, entkernen, die weißen Scheidewände entfernen, die Schoten waschen und in Würfel schneiden. Das Gemüse in Salzwasser blanchieren und abtropfen lassen.

6 Kräuterbutter in einer Pfanne erhitzen. Das vorbereitete Gemüse darin andünsten, salzen, pfeffern und zu den Herzoginnen-Törtchen reichen.

Tipp:
Die Törtchen schmecken auch zu Schnitzel oder Steaks.

Dekotipp:
Aus starker Pappe unterschiedlich große Streifen ausschneiden. An der einen Längsseite etwa bis zur Hälfte der Breite Zacken ausschneiden und die Streifen zu Krönchen zusammenkleben oder -heften. Die Krönchen als Platzkärtchen oder Tischdekoration verwenden.

Kraftknöllchen

Foto – 8 Portionen
Zubereitungszeit: 35 Min.

Pro Portion:
E: 6 g, F: 11 g, Kh: 12 g,
kJ: 738, kcal: 176

- **1 kg Broccoliröschen**
- **750 g Blumenkohlröschen**
- **1 l Wasser**
- **1 gestr. TL Salz**
- **100 g Butter oder Margarine**
- **100 g Semmelbrösel**

1 Broccoli- und Blumenkohlröschen gründlich unter fließendem kalten Wasser waschen. Wasser mit Salz in einem Topf zum Kochen bringen, das Gemüse hineingeben, den Topf mit einem Deckel verschließen und alles bei schwacher Hitze etwa 20 Minuten kochen lassen.

2 Butter oder Margarine in einer Pfanne zerlassen, die Semmelbrösel hinzufügen und so lange rühren, bis sie goldgelb sind.

3 Mit dem Schaumlöffel Blumenkohl und Broccoli herausnehmen, auf Teller verteilen, die heißen Semmelbrösel darüber verteilen und sofort servieren.

Abwandlung:
Für einen köstlichen Auflauf das Gemüse in eine gefettete Auflaufform legen, mit den Semmelbröseln bestreuen, mit 4–6 Scheiben Schnittkäse, z. B. Gouda, belegen und etwa 5 Minuten unter dem vorgeheizten Grill überbacken.

Südpolspaghetti

8 Portionen
Zubereitungszeit: 30 Min.

Pro Portion:
E: 14 g, F: 18 g, Kh: 60 g,
kJ: 2010, kcal: 480

- **300 g TK-Erbsen**
- **200 g Möhren**
- **150 g Blumenkohlröschen**
- **150 g Broccoliröschen**
- **1 Bund Petersilie**
- **600 g Spaghetti**
- **150 g Butter oder Margarine**
- **Salz**
- **frisch gemahlener Pfeffer**
- **3 EL Semmelbrösel**
- **geriebene Muskatnuss**

1 Erbsen antauen lassen. Möhren putzen, schälen, waschen und in kleine Würfel schneiden. Blumenkohl- und Broccoliröschen gründlich waschen. Petersilie abspülen, trockentupfen, die Blättchen von den Stängeln zupfen und hacken.

2 Erbsen in Salzwasser 3–5 Minuten garen. Dann Möhrenwürfel, Blumenkohl- und Broccoliröschen hinzufügen, alles noch etwa 5 Minuten kochen lassen, in ein Sieb geben und abtropfen lassen.

3 Spaghetti in reichlich kochendem Salzwasser nach Packungsanleitung bissfest kochen, in ein Sieb geben, abtropfen lassen und warm stellen.

4 Butter oder Margarine in einer Pfanne zerlassen und das Gemüse darin andünsten. Semmelbrösel und Petersilie hinzufügen und kurz mit andünsten. Alles mit Salz, Pfeffer und Muskat würzen und unter die Spaghetti mischen.

Nudelräder mit Tomatensauce

8–10 Portionen
Zubereitungszeit: 40 Min.

Pro Portion:
E: 18 g, F: 13 g, Kh: 77 g,
kJ: 2191, kcal: 523

- **1 kg Nudelräder**
- **evtl. etwas Olivenöl**
- **1 große Dose abgezogene Tomaten (800 g)**
- **1 Bund Frühlingszwiebeln**
- **1 Pck. Mozzarella (125 g)**
- **5 EL Olivenöl**
- **1 Bund Basilikum**
- **Salz**
- **frisch gemahlener Pfeffer**

1 Nudeln in reichlich Salzwasser nach Packungsanleitung bissfest kochen. Die garen Nudeln in ein Sieb geben, abtropfen lassen, nach Belieben mit Öl beträufeln und warm stellen.

2 Tomaten in einem Sieb abtropfen lassen und in grobe Würfel schneiden. Frühlingszwiebeln putzen, waschen und in feine Ringe schneiden. Mozzarella fein würfeln.

3 Öl in einer Pfanne oder einem Topf erhitzen, Frühlingszwiebelringe darin andünsten, Tomaten hinzufügen und alles bei schwacher Hitze etwa 15 Minuten köcheln lassen.

4 Basilikum abspülen, trockentupfen, die Blättchen von den Stängeln zupfen und klein schneiden (evtl. einige Blättchen zum Garnieren zurücklassen). Die Sauce mit Salz, Pfeffer und Basilikum würzen. Zum Schluss Mozzarella unter die Sauce rühren.

5 Die Sauce zu den Nudeln servieren und mit den zurückgelassenen Basilikumblättchen garnieren.

Tipp:
Sie können die Sauce nach Belieben mit angerührter Speisestärke etwas andicken.
Evtl. einige Frühlingszwiebelringe und Mozzarellawürfel zurücklassen und vor dem Servieren darüber streuen.

Risi-Bisi

Foto – 8–10 Portionen
Zubereitungszeit: 40 Min.

Pro Portion:
E: 6 g, F: 7 g, Kh: 43 g, kJ: 1048, kcal: 250

- **450 g TK-Erbsen**
- **2 große Zwiebeln**
- **4–5 EL Olivenöl**
- **400 g Langkornreis**
- **2 gestr. TL Salz**
- **knapp 1,5 l Wasser**
- **½ gestr. TL Pfeffer**

1 Erbsen antauen lassen. Zwiebeln abziehen und in kleine Würfel schneiden.

2 Öl in einem Topf erhitzen. Zwiebeln darin andünsten. Reis und Salz hinzufügen, Wasser dazugießen, alles umrühren, zum Kochen bringen und zugedeckt bei schwacher Hitze unter häufigem Umrühren etwa 10 Minuten quellen lassen.

3 Die angetauten Erbsen unterrühren, alles nochmals kurz aufkochen lassen und die Temperatur herunterschalten. Reis noch etwa 15 Minuten weiter quellen lassen.

4 Das Risi-Bisi mit Pfeffer abschmecken.

Tipp:
Nach Belieben noch 2 Esslöffel fein geschnittene, glatte Petersilie unterrühren. Das Risi-Bisi können Sie bereits am Vortag zubereiten.

Zauberbrei vom Blech

8 Portionen
Zubereitungszeit: 65 Min.

Pro Portion:
E: 6 g, F: 10 g, Kh: 29 g, kJ: 995, kcal: 237

- **1,5 kg mehlig kochende Kartoffeln**
- **75 g Butter**
- **2 Eier (Größe M)**
- **1 gestr. TL Weizenmehl**
- **½ TL Salz**
- **frisch gemahlener Pfeffer**
- **1–2 EL Butter**

1 Kartoffeln waschen, schälen, abspülen, in kleine Stücke schneiden, in Salzwasser zum Kochen bringen und in etwa 20 Minuten gar kochen lassen.

2 Kartoffeln abgießen, abdämpfen, in eine Schüssel geben und mit Hilfe eines Kartoffelstampfers zerdrücken oder durch eine Kartoffelpresse in eine Schüssel drücken. Nach und nach Butter, Eier und Mehl unterrühren. Die Masse mit Salz und Pfeffer abschmecken.

3 Die Kartoffelmasse in einen Spritzbeutel mit Loch- oder Sterntülle füllen und Figuren, wie z. B. Herzen, Regenwürmer, Drachen, auf mit Backpapier belegte Backbleche spritzen.

4 Butter oder Margarine in einem kleinen Topf zerlassen und vorsichtig mit Hilfe eines Pinsels auf die Kartoffelbreifiguren streichen. Die Backbleche nacheinander (bei Heißluft zusammen) in den Backofen schieben.

Ober-/Unterhitze:
etwa 200 °C (vorgeheizt)
Heißluft: etwa 180 °C (vorgeheizt)
Gas: Stufe 3–4 (vorgeheizt)
Backzeit: etwa 15 Min. pro Backblech.

Drei Chinesen mit dem Kontrabass

8–10 Portionen
Zubereitungszeit: 60 Min., ohne Abkühlzeit

Pro Portion:
E: 6 g, F: 20 g, Kh: 27 g, kJ: 1324, kcal: 316

Für die Reispfannkuchen:

- **250 g Langkorn- oder Naturreis**
- **1 Becher (150 g) Crème fraîche**
- **100 ml Milch**
- **2 Eier (Größe M)**
- **30 g Semmelbrösel**
- **Salz**
- **frisch gemahlener Pfeffer**

Für die Champignons:

- **300 g Champignons**
- **1 Topf Basilikum**

- **10 EL Speiseöl**

1 Für die Reispfannkuchen Reis in reichlich kochendes Salzwasser geben, umrühren, zum Kochen bringen und etwa 20 Minuten sprudelnd kochen lassen. Den garen Reis in ein Sieb geben und erkalten lassen.

2 Crème fraîche mit Milch, Eiern und Semmelbröseln verrühren und mit Salz und Pfeffer würzen. Den erkalteten Reis darunter mischen.

3 Für die Champignons Champignons putzen, mit Küchenpapier abreiben, evtl. abspülen und halbieren. Basilikum abspülen, trockentupfen, die Blättchen von den Stängeln zupfen und in Streifen schneiden.

4 Öl portionsweise in einer beschichteten Pfanne erhitzen, aus dem Reisteig nach und nach kleine Küchlein backen und warm stellen.

5 Champignons in dem verbliebenen Öl kurz anbraten. Die Champignons salzen, pfeffern, mit Basilikumstreifen bestreuen und zu den Reispfannkuchen servieren.

Abwandlung:

Sie können die Reispfannkuchen auch mit einem Dip servieren. Für einen **Frischkäse-Dip** 200 g Doppelrahm-Frischkäse mit 150 g Crème fraîche oder saurer Sahne, evtl. 1 abgezogenen, fein gehackten Knoblauchzehe und 1 Bund fein geschnittenem Schnittlauch verrühren und mit Salz und Pfeffer abschmecken. Für einen **Curry-Dip** 300 g Vollmilchjoghurt mit je 1 Esslöffel Honig, mittelscharfem Senf und Currypulver verrühren und mit Salz und Pfeffer abschmecken. Nach Belieben zusätzlich noch eine zerdrückte Banane oder 175 g klein geschnittene Mandarinen (aus der Dose) unterheben.

Dekotipp:

Als Platzkärtchen die Namen der Kinder auf Zettel schreiben (evtl. auf Papier mit chinesischen Schriftzeichen) und die Zettel auf Ess-Stäbchen aufspießen.

Tipp:

Achtung, beim Backen der Reispfannkuchen kann es etwas spritzen.

Dirk

Aus dem Ofen

Bei den knusprig überbackenen Köstlichkeiten läuft Ihren kleinen Gästen das Wasser im Mund zusammen.

Fussballtarte mit Tomatensauce

8–10 Portionen
Zubereitungszeit: 80 Min.

Pro Portion:
E: 26 g, F: 67 g, Kh: 38 g, kJ: 3742, kcal: 894

Für die Tarte:

- **2 Pck. (je 450 g) TK-Blätterteig**
- **1 Bund Frühlingszwiebeln**
- **2 EL Speiseöl**
- **600 g Rindergehacktes**
- **400 ml Schlagsahne**
- **6 Eier (Größe M)**
- **Salz**
- **frisch gemahlener Pfeffer**

Für die Sauce:

- **1 kleine Dose abgezogene Tomaten (400 g)**
- **1 Zwiebel**
- **1 EL Speiseöl**
- **1 EL Weizenmehl**
- **200 ml Schlagsahne**
- **1 Bund Basilikum**

1 Für die Tarte Blätterteig zugedeckt bei Zimmertemperatur auftauen lassen.

2 Frühlingszwiebeln putzen, waschen und in feine Stücke schneiden.

3 Öl erhitzen. Die Frühlingszwiebelstücke darin andünsten. Gehacktes hinzufügen und anbraten, dabei die Fleischklümpchen mit einer Gabel zerdrücken.

4 Sahne und Eier verquirlen und mit Salz und Pfeffer würzen. Jeweils die Hälfte der Blätterteigplatten aufeinander legen und zu einer Platte (Ø etwa 32 cm) ausrollen. Die Teigplatten in 2 leicht gefettete Tarteformen (Ø 30 cm) legen, dabei den Teig an den Rändern etwas hochdrücken.

5 Die Gehacktes-Zwiebel-Mischung auf beide Formen verteilen und das Sahne-Ei-Gemisch darüber gießen. Die Formen auf dem Rost in den Backofen schieben.

(Fortsetzung Seite 90)

Ober-/Unterhitze: etwa 200 °C (vorgeheizt, unteres Drittel)
Heißluft: etwa 180 °C (nicht vorgeheizt)
Gas: Stufe 3–4 (nicht vorgeheizt)
Backzeit: 35–40 Min.

6 Für die Sauce in der Zwischenzeit Tomaten in einem Sieb abtropfen lassen, dabei den Saft auffangen. Die abgetropften Tomaten zerkleinern.

7 Zwiebel abziehen und würfeln. Öl erhitzen und die Zwiebelwürfel darin glasig dünsten. Tomatenstücke hinzugeben, mit Mehl bestäuben und umrühren. Sahne und etwas von dem Tomatensaft hinzufügen und alles aufkochen lassen.

8 Basilikum abspülen, trockentupfen, die Blättchen von den Stängeln zupfen und hacken. Die Sauce mit Salz, Pfeffer und Basilikum würzen. Die Sauce zu der Tarte servieren.

Tipp:
Evtl. anfallende Teigreste ausrollen, Blätter daraus formen, mit verquirltem Ei bestreichen, bei der oben angegebenen Temperatur backen und die Tarte damit garnieren.

Pommes "Pomm Fritz"

8–10 Portionen
Zubereitungszeit: 75 Min.

Pro Portion:
E: 4 g, F: 0 g, Kh: 33 g, kJ: 644, kcal: 153

- **2 kg fest kochende Kartoffeln**
- **2 gestr. TL Salz**
- **evtl. Paprikapulver edelsüß**

1 Kartoffeln waschen, schälen und abspülen.

2 Für Pommes frites die Hälfte der Kartoffeln in etwa 1 cm dicke und 4 cm lange Stäbchen schneiden und gleichmäßig auf einem gefetteten Backblech verteilen.

3 Für Kartoffelfiguren die restlichen Kartoffeln der Länge nach in etwa 1 cm dicke Scheiben schneiden und mit Hilfe von Plätzchenausstechern Buchstaben, Zahlen und Figuren ausstechen. Die Figuren und Schnippelreste auf einem gefetteten Backblech verteilen.

4 Die Backbleche nacheinander (bei Heißluft zusammen) in den Backofen schieben.

Ober-/Unterhitze: etwa 220 °C (vorgeheizt, mittlere Einschubleiste)
Heißluft: etwa 200 °C (nicht vorgeheizt)
Gas: Stufe 4–5 (nicht vorgeheizt)
Backzeit: etwa 45 Min. pro Backblech.

5 Die fertigen Pommes und Kartoffelfiguren mit Salz und nach Belieben mit Paprikapulver bestreuen.

Beigabe:
Gemischter Salat.

Abwandlung:
Die Kartoffelfiguren nach Belieben auf grobes Salz oder Sesam- oder Kümmelsamen legen.

Tipp:
Hierbei können die Kinder gut mithelfen und fleißig ihr Abendessen ausstechen.

Blattnudeln "Mamma mia"

8–10 Portionen
Zubereitungszeit: 70 Min.

Pro Portion:
E: 24 g, F: 26 g, Kh: 52 g, kJ: 2379, kcal: 568

- **400 g Kohlrabi**
- **400 g Möhren**
- **200 g Porree (Lauch)**
- **2 Zwiebeln**
- **100 g Butter oder Margarine**
- **50 g Weizenmehl**
- **500 ml (1/2 l) Milch**
- **Salz**
- **frisch gemahlener Pfeffer**
- **1 Pck. (500 g) Lasagnenudeln**
- **400 g geriebener Käse, z. B. Gouda oder Pizza-Käse**

1 Kohlrabi schälen und waschen. Möhren putzen, schälen und waschen. Porree putzen, längs halbieren und waschen. Zwiebeln abziehen. Die vorbereiteten Zutaten in feine Würfel schneiden.

2 Butter oder Margarine erhitzen. Die Gemüsewürfel darin andünsten. Mit Mehl bestäuben und verrühren. Milch hinzufügen und alles zu einer sämigen Sauce einkochen lassen. Mit Salz und Pfeffer würzen.

3 Eine große, gut gefettete Auflaufform mit einer Lage Lasagnenudeln auslegen, darauf eine Schicht Gemüse mit Sauce geben und mit einem Teil des Käses bestreuen. Dann wieder Nudeln, Gemüse und Käse einschichten. Zum Abschluss eine Schicht Lasagneplatten auflegen, mit Sauce bedecken und mit Käse bestreuen. Die Form auf dem Rost in den Backofen schieben.

Ober-/Unterhitze: etwa 200 °C (vorgeheizt)
Heißluft: etwa 180 °C (nicht vorgeheizt)
Gas: Stufe 3–4 (nicht vorgeheizt)
Backzeit: etwa 40 Min.

Abwandlung:
Anstelle von Kohlrabi können Sie auch Erbsen und Mais (aus der Dose) verwenden.

Kartoffeln im Glitzerkleid

8 Portionen
Zubereitungszeit: 60 Min.

Pro Portion:
E: 11 g, F: 9 g, Kh: 31 g,
kJ: 1100, kcal: 262

- **16 mittelgroße, mehlig kochende Kartoffeln (1,5 kg)**
- **2 TL Speiseöl**

Für die Quarkremoulade:

- **250 g Magerquark**
- **250 g saure Sahne**
- **2 EL Speiseöl**
- **2 EL Kräuteressig**
- **2 TL mittelscharfer Senf**
- **1 gestr. TL Salz**
- **1 gestr. TL Zucker**
- **frisch gemahlener, weißer Pfeffer**
- **½ Bund Schnittlauch**
- **2 hart gekochte Eier**
- **1 große Zwiebel**
- **1 große Gewürzgurke**

1 Kartoffeln unter fließendem Wasser gründlich bürsten, trockentupfen und auf der breiten Fläche kreuzweise einritzen.

2 Aus Alufolie 16 genügend große Quadrate ausschneiden und dünn mit Öl einpinseln. Jede Kartoffel mit der Schnittfläche nach oben auf ein Stück Folie legen, die Folie rundum zufalten und auf ein Backblech legen. Das Backblech in den Backofen schieben.

Ober-/Unterhitze:
180–200 °C (vorgeheizt)
Heißluft: 160–180 °C
(nicht vorgeheizt)
Gas: etwa Stufe 3 (nicht vorgeheizt)
Backzeit: 45 Min.

3 In der Zwischenzeit für die Quarkremoulade Quark, saure Sahne, Öl, Essig, Senf, Salz, Zucker und Pfeffer in eine Schüssel geben und alles zu einer dicklichen Sauce verrühren.

4 Schnittlauch abspülen, trockentupfen und fein schneiden. Eier pellen und in grobe Würfel schneiden. Zwiebel abziehen und fein würfeln. Gurke in sehr kleine Würfel schneiden. Die vorbereiteten Zutaten zu der Sauce geben und unterrühren.

5 Nach dem Backen die Folienpäckchen leicht andrücken, damit die eingeschnittenen Stellen auf den Kartoffeln aufplatzen. Folie oben aufschneiden und die Quarkremoulade auf die Kartoffeln geben.

Abwandlung:
Anstelle der Gewürzgurke können Sie auch 150 g fein gewürfelten, gekochten Schinken und eine kleine Dose Gemüsemais (Abtropfgewicht 100 g) unter die Quarkremoulade rühren.

Tipp:
Die Kartoffeln können auch am Lagerfeuer oder im Holzkohlengrill gegart werden. Dazu die in Alufolie gewickelten Kartoffeln in die Glut legen. Nach 30–40 Minuten sind sie gar.

Kartoffel-Schinken-Tortilla

8–10 Portionen
Zubereitungszeit: 80 Min.

Pro Portion:
E: 18 g, F: 25 g, Kh: 17 g,
kJ: 1620, kcal: 387

- **1 kg fest kochende Kartoffeln**
- **200 g gekochter Schinken**
- **200 g magerer, roher Schinken**
- **8 Eier (Größe M)**
- **Salz**
- **frisch gemahlener Pfeffer**
- **1–2 Knoblauchzehen**
- **1 Bund glatte Petersilie**
- **4 EL Speiseöl**
- **40 g Butter**

1 Die Kartoffeln waschen, in Wasser zum Kochen bringen und in 20–25 Minuten gar kochen lassen. Die Kartoffeln abgießen, abdämpfen, etwas abkühlen lassen, pellen und in Scheiben schneiden.

2 Beide Schinkensorten in Würfel schneiden. Eier verquirlen und mit Salz und Pfeffer würzen. Knoblauch abziehen, fein hacken und unterrühren. Petersilie abspülen, trockentupfen, die Blättchen von den Stängeln zupfen und grob zerkleinern.

3 Öl und Butter in einer großen Pfanne erhitzen. Die Kartoffelscheiben darin braun braten. Schinkenwürfel dazugeben und kurz mitbraten. Mit Salz und Pfeffer würzen und etwa die Hälfte der Petersilie unterrühren.

4 Alles in eine große Auflaufform oder eine Fettfangschale umfüllen. Die Eiermasse darüber gießen. Die Fettfangschale (die Form auf dem Rost) in den Backofen schieben und die Masse stocken lassen.

Ober-/Unterhitze:
etwa 180 °C (vorgeheizt)
Heißluft: etwa 160 °C (vorgeheizt)
Gas: Stufe 2–3 (vorgeheizt)
Backzeit: etwa 25 Min.

5 Die Tortilla vor dem Servieren mit der restlichen Petersilie bestreuen.

Tipp:
Anstelle von einer großen können Sie auch 4 kleine Tortillas zubereiten. Dazu nacheinander in einer Pfanne (Ø etwa 20 cm) jeweils 1/4 der vorbereiteten Zutaten anbraten, 1/4 der Eiermasse hinzufügen und etwa 5 Minuten bei schwacher Hitze stocken lassen.

Pizzagesichter

8 Stück
Zubereitungszeit: 50 Min., ohne Teiggehzeit

Pro Stück:
E: 7 g, F: 8 g, Kh: 35 g, kJ: 1047, kcal: 250

Für den Hefeteig:
- **350 g Weizenmehl**
- **1 Pck. Trockenhefe**
- **1 TL Salz**
- **3 EL Speiseöl**
- **200 ml lauwarmes Wasser**

Für den Belag:
- **einige ganze Champignons (aus der Dose)**
- **einige kleine Tomaten**
- **einige mit Paprika gefüllte Oliven**
- **einige kleine Salamischeiben**
- **4 EL Tomatenketchup**
- **etwas geriebener Pizza-Käse**

1 Für den Teig Mehl in eine Rührschüssel sieben und mit der Hefe sorgfältig vermischen. Salz, Öl und Wasser hinzufügen.

2 Die Zutaten mit Handrührgerät mit Knethaken zunächst auf niedrigster, dann auf höchster Stufe in etwa 5 Minuten zu einem Teig verarbeiten. Den Teig zugedeckt an einem warmen Ort so lange stehen lassen, bis er sich sichtbar vergrößert hat.

3 Den Teig leicht mit Mehl bestäuben, aus der Schüssel nehmen, auf der Arbeitsfläche nochmals kurz durchkneten und 8 kleine Pizzaböden daraus formen.

4 Für den Belag Champignons in einem Sieb abtropfen lassen. Tomaten waschen, abtrocknen, die Stängelansätze herausschneiden und Tomaten in Scheiben schneiden. Oliven in Scheiben schneiden. Salamischeiben evtl. in Form schneiden.

5 Die Pizzaböden auf ein Backblech (mit Backpapier belegt) legen, mit Tomatenketchup bestreichen und so belegen, dass daraus lustige Gesichter entstehen. Z. B. gefüllte Olivenscheiben als Augen, halbierte Salamischeiben als lachenden oder weinenden Mund, Champignonköpfe als Knollennase usw. Als Haare oder Bart Käse verwenden.

6 Das Backblech mit den fertig garnierten Pizzagesichtern in den Backofen schieben.

Ober-/Unterhitze: etwa 200 °C (vorgeheizt)
Heißluft: etwa 180 °C (vorgeheizt)
Gas: Stufe 3–4 (vorgeheizt)
Backzeit: etwa 15 Min.

Tipp:
Schneller und einfacher geht's, wenn Sie anstelle des selbst gemachten Hefeteiges 1 Packung Pizza Backmischung Amerikanische Art nach Packungsanleitung zubereiten.

Kartoffelfächer

8 Portionen
Zubereitungszeit: 80 Min.

Pro Portion:
E: 7 g, F: 14 g, Kh: 30 g
kJ: 1177, kcal: 281

- **16 mittelgroße, fest kochende Kartoffeln**
- **Salz**
- **frisch gemahlener Pfeffer**
- **300 ml Gemüsebrühe**
- **100 g zerlassene Butter**
- **100 g geriebener Käse, z. B. Gouda oder Pizza-Käse**

1 Kartoffeln waschen, schälen und abspülen. Die Kartoffeln fächerartig einschneiden, dabei darauf achten, dass sie im unteren Bereich noch zusammenhalten. Dazu am besten die Kartoffeln auf einen Löffel legen und mit dem Messer bis zum Löffelrand einschneiden.

2 Die Kartoffeln mit Salz und Pfeffer würzen und in eine gefettete Auflaufform setzen. Brühe über die Kartoffeln gießen und die Kartoffeln mit Butter beträufeln. Die Form auf dem Rost in den Backofen schieben.

Ober-/Unterhitze:
etwa 180 °C (vorgeheizt)
Heißluft: etwa 160 °C
(nicht vorgeheizt)
Gas: Stufe 2–3 (nicht vorgeheizt)
Garzeit: 50–60 Min.

3 Etwa 10 Minuten vor Ende der Garzeit die Kartoffeln mit Käse bestreuen und die restliche Garzeit im Backofen bräunen lassen.

Beilage:
Gegrillte Geflügelmedaillons und grüner Salat.

Tipp:
Nach Belieben Thymian- oder Majoranblätter unter den Käse rühren oder die Kartoffelfächer mit zerlassener Kräuterbutter beträufeln.

Spätzle-Schätzle

8–10 Portionen
Zubereitungszeit: 50 Min.

Pro Portion:
E: 10 g, F: 15 g, Kh: 10 g,
kJ: 944, kcal: 225

- **750 g Spätzle**
- **800 g grüner Spargel**
- **1 Zwiebel**
- **250 g Mozzarella**
- **80 g Butter oder Margarine**
- **Salz**
- **frisch gemahlener Pfeffer**
- **1 Bund glatte Petersilie**

1 Spätzle in reichlich Salzwasser nach Packungsaufschrift bissfest kochen, in ein Sieb geben, abschrecken und gut abtropfen lassen.

2 Spargel im unteren Drittel schälen und die Enden abschneiden. Spargel in kochendem Wasser etwa 10 Minuten garen. Spargel herausnehmen und etwas abkühlen lassen. Ihn dann in etwa 3 cm lange Stücke schneiden.

3 Zwiebel abziehen und würfeln. Mozzarella abtropfen lassen und in Scheiben schneiden.

4 Butter oder Margarine in einer feuerfesten, tiefen Pfanne oder einem Topf erhitzen. Die Zwiebelwürfel darin glasig dünsten.

5 Spätzle und Spargel dazugeben und alles mit Salz und Pfeffer würzen. Mozzarellascheiben darauf verteilen. Die Pfanne (den Topf) auf dem Rost in den Backofen schieben und das Gericht überbacken, bis der Käse geschmolzen ist.

Ober-/Unterhitze:
etwa 220 °C (vorgeheizt)
Heißluft: etwa 200 °C (vorgeheizt)
Gas: Stufe 4–5 (vorgeheizt)
Backzeit: etwa 8 Min.

6 Petersilie abspülen, trockentupfen, die Blättchen von den Stängeln zupfen und fein hacken. Die überbackenen Spätzle vor dem Servieren damit bestreuen.

Abwandlung:
Anstelle von Spargel können Sie auch Mais, Erbsen und bunte Paprikawürfel verwenden. Der Mozzarella kann auch durch geriebenen Gouda, Emmentaler oder Gratin-Käse ersetzt werden.

Tipp:
Falls Sie keine feuerfeste Pfanne haben, können Sie die Zutaten zum Überbacken auch in eine gefettete Auflaufform füllen.

Schatzkartoffeln

10 Portionen
Zubereitungszeit: 70 Min.

Pro Portion:
E: 11 g, F: 19 g, Kh: 33 g,
kJ: 1499, kcal: 358

- **20 große, fest kochende Kartoffeln (2 kg)**
- **200 g Wirsing**
- **200 g Möhren**
- **1 Pck. Mozzarella (125 g)**
- **Salz**
- **frisch gemahlener Pfeffer**
- **500 ml (1/2 l) Gemüsebrühe**
- **100 g Kräuterbutter**
- **1 Bund Majoran**
- **2 EL Speiseöl**
- **200 g kleine, rohe Schinkenwürfel**

1 Kartoffeln waschen, schälen, abspülen, in Salzwasser zum Kochen bringen und halb garen. Die Kartoffeln abgießen und etwas abkühlen lassen.

2 Vom Wirsing die groben äußeren Blätter lösen, Wirsing halbieren, den Strunk herausschneiden, Wirsing abspülen und in Würfel schneiden. Möhren putzen, schälen, waschen und würfeln. Mozzarella abtropfen lassen und ebenfalls in Würfel schneiden.

3 Wirsing- und Möhrenwürfel getrennt voneinander in Salzwasser blanchieren, in ein Sieb geben und abtropfen lassen.

4 Die abgekühlten Kartoffeln mit einem Kugelausstecher aushöhlen und nebeneinander in eine Fettfangschale oder in eine große, feuerfeste Form setzen.

5 Das Kartoffelinnere grob hacken, mit Möhren-, Wirsing- und Mozzarellawürfeln mischen, mit Salz und Pfeffer würzen und in die ausgehöhlten Kartoffeln füllen.

6 Gemüsebrühe angießen. Die Kräuterbutter in Flöckchen auf den Kartoffeln verteilen. Die Fettfangschale (die feuerfeste Form auf dem Rost) in den Backofen schieben.

Ober-/Unterhitze:
etwa 180 °C (vorgeheizt)
Heißluft: etwa 160 °C (vorgeheizt)
Gas: Stufe 2–3 (vorgeheizt)
Backzeit: 20–30 Min.

7 In der Zwischenzeit Majoran abspülen, trockentupfen und die Blättchen von den Stängeln zupfen. Öl in einer Pfanne erhitzen. Die Schinkenwürfel darin kross braten und über die Kartoffeln geben. Mit Majoranblättchen bestreuen.

Abwandlung:
Anstelle des rohen Schinkens können Sie auch gekochten Schinken oder Fleischwurst verwenden und vor dem Backen unter die Füllung mischen.

Tipp:
Sie können die Schatzkartoffeln bereits morgens so weit vorbereiten und füllen, dass sie vorm Verzehr nur noch in den Backofen geschoben werden müssen.

Süsse Überraschung

8–10 Portionen
Zubereitungszeit: 60 Min.

Pro Portion:
E: 8 g, F: 17 g, Kh: 28 g,
kJ: 1313, kcal: 313

- **500 ml (1/2 l) Milch**
- **1 Prise Salz**
- **100 g Hartweizengrieß**
- **75 g Zucker**
- **1 Pck. Vanillin-Zucker**
- **3 EL Zitronensaft**
- **1 Becher (150 g) Crème fraîche**
- **4 Eigelb (Größe M)**
- **300 g Möhren**
- **400 g säuerliche Äpfel, z. B. Boskop**
- **100 g gemahlene Haselnusskerne oder abgezogene, gemahlene Mandeln**
- **1/2 gestr. TL Backpulver**
- **4 Eiweiß (Größe M)**

1 Milch mit Salz in einem Topf zum Kochen bringen. Grieß unter Rühren in die kochende Flüssigkeit geben. Den Grieß mit geschlossenem Deckel bei schwacher Hitze etwa 3 Minuten quellen lassen.

2 Den Grießbrei in eine Schüssel füllen. Mit einem Schneebesen Zucker, Vanillin-Zucker, Zitronensaft, Crème fraîche und Eigelb unterrühren.

3 Möhren putzen, schälen, waschen und fein reiben. Äpfel schälen, vierteln, entkernen und grob raspeln. Möhren- und Apfelraspel mit Haselnusskernen oder Mandeln und Backpulver zu der Grießmasse geben und alles gut mit dem Schneebesen verrühren.

4 Eiweiß steif schlagen und unterheben. Die Masse in 2 (oder 1 sehr große) gefettete Auflaufformen füllen. Die Formen auf dem Rost in den Backofen schieben.

Ober-/Unterhitze:
180–200 °C (vorgeheizt)
Heißluft: 160–180 °C
(nicht vorgeheizt)
Gas: etwa Stufe 3 (nicht vorgeheizt)
Backzeit: etwa 35 Min.

Abwandlung:
Nach Belieben den Auflauf vor dem Backen zusätzlich mit gehobelten Haselnusskernen oder Mandeln (etwa 75 g) bestreuen.

Beigabe:
Dazu nach Belieben Vanillesauce reichen.

Tipp:
Die Auflaufform(en) nur zu etwa 3/4 füllen, da der Auflauf etwas aufgeht.

PEZ

Der süsse Abschluss

Auch wenn alle eigentlich schon pappsatt sind, im Puddingmagen ist immer noch ein Plätzchen frei.

Giraffencreme

10 Portionen
Zubereitungszeit: 40 Min.

Pro Portion:
E: 4 g, F: 34 g, Kh: 28 g, kJ: 1851, kcal: 443

- **1 Dose Pfirsichhälften (Abtropfgewicht 500 g)**
- **600 g Mascarpone (italienischer Frischkäse)**
- **80 g Zucker**
- **4 EL Pfirsichsaft**
- **200 ml Schlagsahne**
- **1 Pck. Sahnesteif**
- **150 g Schokocookies**
- **einige Minzeblättchen**

1 Pfirsiche in einem Sieb abtropfen lassen, dabei den Saft auffangen und 4 Esslöffel abmessen. 2 Pfirsichhälften zum Garnieren zurücklassen, die restlichen in einem Mixer pürieren.

2 Mascarpone mit Zucker und dem abgemessenen Pfirsichsaft glatt rühren. Sahne mit Sahnesteif steif schlagen und unterheben. Die Creme in 3 Portionen teilen.

3 Schokocookies in einen Gefrierbeutel geben, den Beutel verschließen und die Cookies mit einer Teigrolle zerdrücken. Die Cookies-Brösel in 3 Portionen teilen.

4 Eine Portion Creme auf 10 Dessertschälchen oder kleine Gläser verteilen und eine Portion Cookies-Brösel darauf geben. So fortfahren, bis alle Zutaten aufgebraucht sind.

5 Die zurückgelassenen Pfirsichhälften in Spalten schneiden und die Gläser damit garnieren. Die Giraffencreme gut gekühlt servieren.

Abwandlung:
Anstelle der Schokocookies können Sie auch Löffelbiskuits verwenden. Die Pfirsiche können auch gegen Aprikosen ausgetauscht werden.

Kunterbunte Götterspeise

8–10 Portionen
Zubereitungszeit: 25 Min., ohne Kühlzeit

Pro Portion:
E: 3 g, F: 0 g, Kh: 41 g, kJ: 738, kcal: 176

- **je 1 Beutel aus 1 Pck. Götterspeise Himbeer-Geschmack, Zitronen-Geschmack und Waldmeister-Geschmack**
- **1,5 l Wasser**
- **300 g Zucker**
- **Obst je nach Jahreszeit, z. B. Bananen, Weintrauben, Äpfel, Erdbeeren**
- **etwas Zitronensaft**

1 Aus Götterspeise-Pulver Himbeer-Geschmack, 500 ml (1/2 l) Wasser und 100 g Zucker nach Packungsanleitung eine Götterspeise zubereiten. Die Speise in eine große Glasschüssel gießen und in den Kühlschrank stellen, bis die Götterspeise fest wird.

2 Die Götterspeise Zitronen-Geschmack wie oben angegeben zubereiten und bei Zimmertemperatur aufbewahren, damit sie noch nicht fest wird.

3 In der Zwischenzeit das Obst vorbereiten (je nach Sorte waschen, schälen, entkernen) und in kleine Stücke schneiden. Bananen und Äpfel mit Zitronensaft beträufeln, damit sie nicht braun werden.

4 Die erstarrte, rote Götterspeise aus dem Kühlschrank nehmen, einige Obststücke darauf legen und die gelbe Götterspeise darüber gießen. Die Schüssel wieder in den Kühlschrank stellen, bis die gelbe Götterspeise fest wird.

5 Die Götterspeise Waldmeister-Geschmack wie oben angegeben zubereiten und bei Zimmertemperatur aufbewahren, damit sie noch nicht fest wird.

6 Die rot-gelbe Götterspeise wieder aus dem Kühlschrank nehmen, einige Obststücke darauf legen und die grüne Götterspeise darüber gießen. Die Schüssel wieder in den Kühlschrank stellen, bis die grüne Götterspeise fest wird.

Abwandlung:
Einfacher geht´s, wenn Sie die Götterspeise nach Farben getrennt nach Packungsanleitung – aber mit jeweils nur 400 ml Wasser – zubereiten. Die Götterspeise nach Farben getrennt jeweils in eine flache Schüssel füllen und fest werden lassen. Die Götterspeise aus den Schüsseln lösen, in Würfel schneiden und in hohe Dessertgläser schichten. Mit Vanillesauce (evtl. fertig gekauft) servieren.

Beigabe:
Dazu schmeckt Vanillesauce oder Sahne.

Tipp:
Bereiten Sie die kunterbunte Götterspeise am besten bereits am Vortag zu, da das Erstarren der Götterspeise im Kühlschrank einige Stunden dauern kann. Schneller geht´s, wenn Sie die Speise auf mehrere kleine Schüsselchen oder Gläser verteilen.

Blütenzauber

Foto – 8 Portionen
Zubereitungszeit: 45 Min., ohne Kühl- und Marinierzeit

Pro Portion:
E: 9 g, F: 26 g, Kh: 34 g, kJ: 1782, kcal: 426

Für die Mandelcreme:

- **800 ml Milch**
- **100 g abgezogene, gemahlene Mandeln**
- **100 g Zucker**
- **12 Blatt weiße Gelatine**
- **400 ml Schlagsahne**

Für die Erdbeerblüten:

- **1 kg Erdbeeren**
- **2 EL flüssiger Honig**
- **100 ml Grapefruitsaft**

1 Für die Mandelcreme Milch in einen Topf geben, Mandeln und Zucker hinzufügen, unter Rühren aufkochen lassen und von der Kochstelle nehmen.

2 Gelatine nach Packungsanleitung in kaltem Wasser einweichen. Gelatine ausdrücken, in der noch heißen Milchmischung auflösen und alles etwas abkühlen lassen.

3 Sobald die Flüssigkeit anfängt dicklich zu werden, Sahne steif schlagen und unterheben. Die Masse in eine Schüssel füllen und etwa 2 1/2 Stunden in den Kühlschrank stellen.

4 Für die Erdbeerblüten Erdbeeren waschen, gut abtropfen lassen, entstielen und in Scheiben schneiden. Honig und Grapefruitsaft verrühren und die Erdbeerscheiben darin marinieren.

5 Die Erdbeerscheiben abtropfen lassen und blütenförmig auf 8 Teller legen. Aus der Mandelcreme mit Hilfe eines Esslöffels Nocken ausstechen und auf den Erdbeeren anrichten.

Tipp:
Den Blütenzauber kurz vor dem Servieren mit Puderzucker bestäuben. Die Mandelcreme kann bereits am Vortag zubereitet werden. Die Nocken dann frisch abstechen.

Schokokuss-Mandarinen-Quark

10 Portionen
Zubereitungszeit: 15 Min.

Pro Portion:
E: 16 g, F: 21 g, Kh: 37 g, kJ: 1792, kcal: 422

- **2 Dosen Mandarinen (Abtropfgewicht je 175 g)**
- **18 große Schokoküsse**
- **1 kg Magerquark**
- **500 ml (1/2 l) Schlagsahne**

1 Mandarinen in einem Sieb abtropfen lassen. Von den Schokoküssen die Waffelböden abnehmen und die Schaummasse mit dem Quark verrühren.

2 Sahne steif schlagen und unter die Quarkmasse heben. Mandarinen nach Belieben etwas zerkleinern und unterrühren.

3 Die Masse in eine große Schale oder Portionsschälchen füllen und mit den Waffelböden garnieren.

Abwandlung:
Anstelle der Mandarinen können Sie auch Himbeeren verwenden.

Tipp:
Der Quark kann bereits am Vortag zubereitet werden. Erst kurz vorm Verzehr mit den Waffelböden garnieren.

Tuttifrutti mit Schokosauce

8 Portionen
Zubereitungszeit: 20 Min., ohne Durchzieh- und Kühlzeit

Pro Portion:
E: 6 g, F: 9 g, Kh: 55 g, kJ: 1318, kcal: 315

- **250–300 g Löffelbiskuits**
- **2 Dosen Fruchtcocktail (Abtropfgewicht je 500 g)**

Für die Schokosauce:

- **25 g Speisestärke**
- **400 ml Milch**
- **100 g Zartbitterschokolade**
- **etwa 30 g Zucker**

1 Löffelbiskuits nach Bedarf ein- oder zweimal durchbrechen, damit sie in 8 Glasschälchen passen. Löffelbiskuits dann abwechselnd mit den gemischten Früchten (mit etwas von dem Saft) in die Schälchen schichten und einige Zeit durchziehen lassen.

2 Für die Schokosauce Speisestärke mit 6 Esslöffeln von der Milch anrühren. Die restliche Milch in einem Topf erwärmen. Schokolade grob zerkleinern, in der Milch auflösen und alles zum Kochen bringen.

3 Die angerührte Speisestärke in die Schokoladenmilch einrühren und aufkochen lassen. Die Schokoladensauce mit Zucker abschmecken und abkühlen lassen.

4 Die Sauce zu der Löffelbiskuit-Früchte-Mischung servieren.

Abwandlung:
Sie können auch Löffelbiskuits und Fruchtcocktail in eine Auflaufform schichten und anstelle der Schokosauce einen Vanillepudding (aus 2 Päckchen Pudding-Pulver Vanille-Geschmack, 100 g Zucker und 1 l Milch nach Packungsanleitung zubereitet) darauf verteilen. Diese Schichtspeise kann gut bereits am Vortag zubereitet werden.

Tipp:
Noch schneller geht´s, wenn Sie anstelle der selbst gemachten fertige Schokoladensauce verwenden.

Gespenstergrütze

8 Portionen
Zubereitungszeit: 40 Min., ohne Kühlzeit

Pro Portion:
E: 4 g, F: 3 g, Kh: 44 g, kJ: 940, kcal: 224

Für die Grütze:

- **300 g rote oder schwarze Johannisbeeren**
- **500 g Kirschen**
- **300 g Himbeeren**
- **25 g Speisestärke**
- **600 ml Kirschsaft**
- **100 g Zucker**

Für die Sauce:

- **1 Pck. Saucenpulver Vanille-Geschmack (zum Kochen)**
- **500 ml (½ l) Milch**
- **1 gestr. EL Zucker**
- **1 Pck. Vanillin-Zucker**

1 Für die Grütze Johannisbeeren waschen, abtropfen lassen und die Beeren mit Hilfe einer Gabel von den Rispen streifen. Kirschen waschen und entsteinen. Himbeeren verlesen.

2 Speisestärke mit 6 Esslöffeln von dem Kirschsaft anrühren. Den restlichen Kirschsaft mit Zucker zum Kochen bringen. Die angerührte Speisestärke unterrühren und einmal aufkochen lassen. Den Topf von der Kochstelle nehmen und die vorbereiteten Früchte unterrühren. Die Grütze in eine Schale füllen und kalt stellen.

3 Für die Sauce aus Saucenpulver, Milch, Zucker und Vanillin-Zucker nach Packungsanleitung eine Sauce zubereiten und abkühlen lassen. Dabei zwischendurch umrühren, damit sich keine Haut bildet.

4 Die Gespenstergrütze mit der Vanillesauce servieren.

Dekotipp:
Als Tischdekoration aus dickem Papier oder dünner Pappe eine Gespenstergirlande ausschneiden und mit Gesichtern bemalen.

Abwandlung:
Lecker schmeckt auch eine **grüne Grütze** aus 500 g Stachelbeeren, 250 g Kiwis, 250 g grünen Weintrauben und 600 ml Stachelbeer- oder hellem Traubensaft.
Anstelle der Vanillesauce kann auch Vanille-Eiscreme zu der Gespenstergrütze serviert werden.

Tipp:
Die Gespenstergrütze und die Sauce können bereits am Vortag zubereitet werden.

Antarktische Früchtchen

Foto – 8–10 Portionen
Zubereitungszeit: 60 Min., ohne Gefrierzeit

Pro Portion:
E: 3 g, F: 21 g, Kh: 43 g, kJ: 1622, kcal: 389

- **1,5 kg frische Erdbeeren**
- **600 ml Schlagsahne**
- **100 g Zucker**
- **100 ml Erdbeersirup**
- **150 g dunkle Kuchenglasur**

1 Erdbeeren waschen. 20 Stück zum Garnieren zurücklegen und auf Küchenpapier trocknen lassen. Die restlichen Erdbeeren entstielen und in einem Mixer pürieren.

2 Sahne mit Zucker steif schlagen. Erdbeerpüree und -sirup unterziehen. Die Masse in eine Kastenform (25 x 11 cm) füllen und über Nacht gefrieren lassen.

3 Kuchenglasur nach Packungsanleitung auflösen. Die zurückgelassenen Erdbeeren zur Hälfte eintauchen und im Kühlschrank fest werden lassen.

4 Das Halbgefrorene stürzen, in Scheiben schneiden und mit den Schoko-Erdbeeren garnieren.

Abwandlung:
Für das Halbgefrorene können anstelle der Erdbeeren auch Himbeeren, Johannisbeeren oder Heidelbeeren verwendet werden. Zum Schokolieren eignen sich Johannisbeerrispen, Mini-Bananen, Kap-Stachelbeeren, Stachelbeeren, Weintrauben und frische Orangen- und Mandarinenfilets mit Haut.

Tipp:
Das Halbgefrorene kann gut bereits einige Tage vorher zubereitet werden. Sie können das Halbgefrorene auch in einer anderen Form zubereiten (Inhalt etwa 2 l).

Milchreis

8 Portionen
Zubereitungszeit: 40 Min.

Pro Portion:
E: 9 g, F: 7 g, Kh: 41 g, kJ: 1079, kcal: 257

- **1,5 l Milch**
- **30 g Zucker**
- **1 Prise Salz**
- **1 Zimtstange**
- **250 g Rundkornreis (Milchreis)**
- **Zucker und Zimt**

1 Milch mit Zucker, Salz und Zimtstange in einem Topf zum Kochen bringen. Den Reis hinzugeben und bei schwacher Hitze etwa 25 Minuten quellen lassen. Dabei immer wieder umrühren, damit der Reis nicht anbrennt.

2 Vor dem Servieren die Zimtstange herausnehmen und den Reis mit Zucker und Zimt bestreuen. Heiß oder kalt servieren.

Abwandlung:
Den Reis erkalten lassen und Himbeeren oder Heidelbeeren vorsichtig unterrühren. Nach Belieben zusätzlich noch steif geschlagene Sahne unterheben.

Tipp:
Der Milchreis kann gut schon am Vortag zubereitet werden, da er auch kalt sehr gut schmeckt.

Schokobananen am Spiess

Foto – 8 Stück
Zubereitungszeit: 30 Min., ohne Kühlzeit

Pro Stück:
E: 2 g, F: 5 g, Kh: 59 g, kJ: 1227, kcal: 293

- **200 g dunkle Kuchenglasur**
- **200 g helle Kuchenglasur**
- **8 Mini-Bananen oder 4 mittelgroße Bananen**
- **100 g weiße Kuvertüre**

1 Beide Sorten Kuchenglasuren getrennt nach Packungsanleitung auflösen.

2 Bananen schälen (große Bananen halbieren) und auf 8 Schaschlikspieße stecken. Die Hälfte der Bananen mit dunkler, die restlichen mit heller Kuchenglasur überziehen und fest werden lassen.

3 Kuvertüre in einem kleinen Topf im Wasserbad bei schwacher Hitze zu einer geschmeidigen Masse verrühren, in einen kleinen Gefrierbeutel oder ein Papiertütchen füllen, eine kleine Ecke abschneiden und die Bananen damit verzieren.

Tipp:
Sie können die weiße Kuvertüre auch mit Hilfe eines Teelöffels auf die Bananen sprenkeln.

Bunter Obstsalat

8–10 Portionen
Zubereitungszeit: 40 Min.

Pro Portion:
E: 2 g, F: 3 g, Kh: 21 g, kJ: 549, kcal: 131

- **1 mittelgroßer Apfel (200 g)**
- **1 kleine Mango (300 g)**
- **2 Nektarinen (je 75 g)**
- **2 mittelgroße Orangen (je 150 g)**
- **2 Kiwis (je 50 g)**
- **200 g Erdbeeren**
- **50 ml Zitronensaft**
- **50 ml Orangensaft**
- **50 g Zucker**
- **50 g abgezogene, gehackte Mandeln**

1 Apfel schälen, vierteln und entkernen. Mango schälen, halbieren und das Fruchtfleisch vom Stein lösen. Nektarinen waschen, abtrocknen, halbieren und entsteinen.

2 Orangen schälen und in Spalten teilen. Kiwis schälen. Das vorbereitete Obst in kleine Stücke schneiden. Erdbeeren waschen, gut abtropfen lassen, entstielen und in Stücke schneiden.

3 Das Obst mit Zitronensaft, Orangensaft und Zucker vermengen und in eine Glasschale füllen.

4 Die Mandeln in einer Pfanne ohne Fett rösten und den Obstsalat damit bestreuen.

Tipp:
Dazu schmeckt Schlagsahne oder Vanille-Eiscreme oder -sauce.

Beerenstark & eiskalt

Foto – 12 Portionen
Zubereitungszeit: 50 Min.

Pro Portion:
E: 5 g, F: 12 g, Kh: 41 g,
kJ: 1245, kcal: 297

- **800 g gemischte Beeren, z. B. Erdbeeren, Himbeeren, Brombeeren, Johannisbeeren**
- **30 g Speisestärke**
- **500 ml (1/2 l) Himbeersaft**
- **150 g Zucker**
- **80 g Butter oder Margarine**
- **600 g Schupfnudeln (Kühltheke)**
- **1 l Vanille-Eiscreme**
- **evtl. Zitronenmelisse- oder Minzezweige**

1 Beeren vorbereiten: Erdbeeren waschen, abtropfen lassen und entstielen, Himbeeren und Brombeeren verlesen, Johannisbeeren waschen, abtropfen lassen und die Beeren mit Hilfe einer Gabel von den Rispen streifen.

2 Speisestärke mit 4 Esslöffeln von dem Himbeersaft anrühren. Den restlichen Saft mit Zucker in einem Topf zum Kochen bringen. Die angerührte Speisestärke unterrühren und alles nochmals aufkochen lassen. Die vorbereiteten Beeren unterrühren.

3 Butter oder Margarine in einer Pfanne erhitzen und die Schupfnudeln darin goldbraun braten.

4 Eiscreme in Portionen teilen und mit Beerenfrüchten und Schupfnudeln auf Desserttellern anrichten. Nach Belieben mit Zitronenmelisse- oder Minzezweigen garnieren.

Abwandlung:
Anstelle von Vanille- können Sie auch Walnuss-Eiscreme dazureichen.

Tipp:
Anstatt der frischen Früchte können auch TK-Früchte verwendet werden.

Bunte Marshmallowcreme

10 Portionen
Zubereitungszeit: 15 Min., ohne Durchziehzeit

Pro Portion:
E: 3 g, F: 12 g, Kh: 36 g,
kJ: 1163, kcal: 278

- **1 große Dose Ananasscheiben (Abtropfgewicht 490 g)**
- **2 Dosen Mandarinen (Abtropfgewicht je 175 g)**
- **600 g saure Sahne**
- **200 g Schmand oder Crème fraîche**
- **200–250 g bunte Marshmallows oder Mäusespeck**

1 Ananas und Mandarinen in einem Sieb abtropfen lassen. Ananas in kleine Stücke schneiden.

2 Saure Sahne und Schmand oder Crème fraîche in eine große Schüssel geben und glatt rühren. Ananasstücke und Mandarinen unterrühren. Marschmallows oder Mäusespeck (große Stücke evtl. einmal durchschneiden) unterheben.

3 Die Marshmallowcreme kalt stellen und 24 Stunden durchziehen lassen.

Weisses Schokofondue

Foto – 8–10 Portionen
Zubereitungszeit: 15 Min.

Pro Portion:
E: 3 g, F: 22 g, Kh: 39 g,
kJ: 1597, kcal: 382

- **400 g weiße Schokolade**
- **650 ml Maracuja-Nektar**
- **250 ml (1/4 l) Schlagsahne**
- **40 g Speisestärke**

1 Schokolade in Stücke brechen und in einen Fonduetopf geben. Maracuja-Nektar und 100 ml Sahne unter Rühren hinzufügen und alles erhitzen, bis die Schokolade geschmolzen ist.

2 Speisestärke mit der restlichen Sahne verrühren, in die kochende Schokoladen-Saft-Mischung rühren und kurze Zeit köcheln lassen.

Tipp:
Dazu Kirschkompott servieren.

Beigabe:
Zum Eintauchen in das Schokofondue eignen sich z. B. Eiswaffeln in Herzform, Biskuit-Spieße (gekaufter Biskuitboden in Stücke geschnitten und auf Spieße gesteckt), Kokos-Mandel-Konfektkugeln, in Stücke geschnittene Berliner, Cigarettes russes, eine geschälte, in Würfel geschnittene Mango, Mini-Äpfel und -Birnen (aus der Dose) oder Erdbeeren.

Froschquark

8 Portionen
Zubereitungszeit: 20 Min., ohne Kühlzeit

Pro Portion:
E: 14 g, F: 10 g, Kh: 63 g,
kJ: 1718, kcal: 411

- **2 Blatt weiße Gelatine**
- **750 g Magerquark**
- **250 ml (1/4 l) Orangensaft**
- **200 g gesiebter Puderzucker**
- **100–150 ml Waldmeistersirup**
- **Saft von 2 Zitronen**
- **250 ml (1/4 l) Schlagsahne**
- **200 g Weingummi-Frösche**

1 Gelatine nach Packungsaufschrift einweichen. Quark mit Orangensaft, Puderzucker und Waldmeistersirup glatt rühren.

2 Zitronensaft erhitzen. Gelatine ausdrücken, in dem Zitronensaft auflösen und unter die Quarkmasse rühren.

3 Sahne steif schlagen und unterheben. Die Quarkmasse in eine große Schüssel oder in 8 Dessertschalen füllen und eine Zeit lang kalt stellen.

4 Die Quarkspeise mit Weingummi-Fröschen belegen und servieren.

Tipp:
Anstelle von Weingummi-Fröschen können Sie den Quark auch mit Gummibärchen garnieren.

Ein Küchlein in Ehren
kann niemand verwehren.

Süsses & pikantes Gebäck

Geburtstags-Gugelhüpfe

2 Stück
Zubereitungszeit: 75 Min., ohne Teiggehzeit

Pro Stück:
E: 45 g, F: 64 g, Kh: 266 g, kJ: 7922, kcal: 1892

Für den Hefeteig:
- **400 g Weizenmehl**
- **1 Pck. Trockenhefe**
- **100 g Zucker**
- **2 Eier (Größe M)**
- **250 g Sahnequark**
- **100 g weiche Butter oder Margarine**
- **100 ml lauwarmer Apfelsaft**
- **250 g Äpfel**

Für den Guss:
- **100 g gesiebter Puderzucker**
- **2 TL Zitronensaft**

- **Zuckerblumen und -perlen**

1 Für den Teig Mehl in eine Rührschüssel sieben und mit der Hefe sorgfältig vermischen. Zucker, Eier, Quark, Butter oder Margarine und Apfelsaft hinzufügen.

2 Die Zutaten mit Handrührgerät mit Knethaken zunächst auf niedrigster, dann auf höchster Stufe in etwa 5 Minuten zu einem Teig verarbeiten. Den Teig zugedeckt so lange an einem warmen Ort stehen lassen, bis er sich sichtbar vergrößert hat.

3 Äpfel schälen, vierteln, entkernen, fein würfeln und unter den gegangenen Teig kneten. Den Teig halbieren, in 2 gefettete, gemehlte Napfkuchenformen (Ø 18 cm) füllen und nochmals etwa 15 Minuten gehen lassen.

4 Die Formen auf dem Rost in den Backofen schieben.

Ober-/Unterhitze:
etwa 180 °C (vorgeheizt)
Heißluft: etwa 160 °C (nicht vorgeheizt)
Gas: Stufe 3–4 (nicht vorgeheizt)
Backzeit: etwa 45 Min.

(Fortsetzung Seite 128)

5 Das Gebäck nach dem Backen noch 10 Minuten in den Formen stehen lassen. Es anschließend auf einen Kuchenrost stürzen und erkalten lassen.

6 Für den Guss Puderzucker mit Zitronensaft zu einer dickflüssigen Masse verrühren. Die beiden Kuchen damit verzieren, mit Zuckerblumen und -perlen garnieren und den Guss fest werden lassen.

■ **Tipp:**
Die Gugelhüpfe können bis zu 2 Tage vor dem Verzehr zubereitet werden. Anstelle von zwei kleinen können Sie auch bei der oben angegebenen Temperatur einen großen Gugelhupf (Ø 24 cm) backen. Die Backzeit verlängert sich um etwa 15 Minuten.

■ **Abwandlung:**
Sie können zusätzlich noch 100 g gehackte oder gehobelte Haselnusskerne unter den Teig kneten.

Lachender Obstkuchen

Zubereitungszeit: 60 Min.

Insgesamt:
E: 73 g, F: 176 g, Kh: 554 g, kJ: 17990, kcal: 4292

Für den Quark-Öl-Teig:
- **300 g Weizenmehl**
- **1 Pck. Backpulver**
- **150 g Magerquark**
- **100 ml Milch**
- **100 ml Speiseöl**
- **75 g Zucker**
- **1 Pck. Vanillin-Zucker**
- **1 Prise Salz**

Für den Belag:
- **500–750 g Aprikosen (aus der Dose)**
- **750–1000 g Äpfel**
- **50 g abgezogene, gehobelte Mandeln**
- **2 EL Zucker**
- **etwa 125 ml (1/8 l) Schlagsahne**

1 Für den Teig Mehl mit Backpulver mischen und in eine Rührschüssel sieben. Quark, Milch, Öl, Zucker, Vanillin-Zucker und Salz hinzufügen. Die Zutaten mit Handrührgerät mit Knethaken auf höchster Stufe etwa 1 Minute verarbeiten (nicht zu lange, Teig klebt sonst).

2 Anschließend auf der bemehlten Arbeitsfläche zu einer Rolle formen. Den Teig auf einem gefetteten Backblech (30 x 40 cm) ausrollen.

3 Für den Belag Aprikosen in einem Sieb abtropfen lassen. Äpfel schälen, vierteln und entkernen. Äpfel und Aprikosen in Spalten schneiden und den Teig damit belegen. Mandeln und Zucker darüber streuen. Das Backblech in den Backofen schieben.

Ober-/Unterhitze: etwa 200 °C (vorgeheizt)
Heißluft: etwa 180 °C (vorgeheizt)
Gas: Stufe 3–4 (vorgeheizt)
Backzeit: 25–30 Min.

4 Den Kuchen auf dem Backblech auf einem Kuchenrost erkalten lassen.

5 Sahne steif schlagen, in einen Spritzbeutel mit kleiner Lochtülle füllen und ein Gesicht auf den Obstkuchen spritzen.

■ **Abwandlung:**
Der Kuchen schmeckt auch lecker mit Birnen oder Pflaumen.

■ **Tipp:**
Die Äpfel nach dem Backen mit 50–75 g zerlassener Butter beträufeln. Ohne die Sahnedekoration kann der Obstkuchen eingefroren werden.

Minikuchen

24 Stück
Zubereitungszeit: 40 Min.

Pro Stück:
E: 2 g, F: 7 g, Kh: 23 g,
kJ: 702, kcal: 168

Für den Rührteig:
- **125 g Butter oder Margarine**
- **125 g Zucker**
- **1 Pck. Vanillin-Zucker**
- **2 Eier (Größe M)**
- **250 g Weizenmehl**
- **2 gestr. TL Backpulver**
- **100 ml Milch**

Für die Kirschküchlein:
- **100 g Sauerkirschen (aus dem Glas)**

Für die Schokoküchlein:
- **50 g gehackte Vollmilchschokolade**
- **1 EL gemahlene Haselnusskerne**

Zum Verzieren und Garnieren:
- **150 g gesiebter Puderzucker**
- **2 EL Wasser**
- **bunte Schokolinsen**
- **1 EL Schokostreusel**
- **1 EL Kokosraspel**
- **Weingummi oder Geleefrüchte**

1 Für den Teig Butter oder Margarine mit Handrührgerät mit Rührbesen auf höchster Stufe geschmeidig rühren. Nach und nach Zucker und Vanillin-Zucker unterrühren, so lange rühren, bis eine gebundene Masse entstanden ist. Eier nach und nach unterrühren (jedes Ei etwa 1/2 Minute).

2 Mehl mit Backpulver mischen, sieben und portionsweise abwechselnd mit Milch auf mittlerer Stufe unterrühren.

3 Für die Kirschküchlein Sauerkirschen in einem Sieb gut abtropfen lassen. Die Hälfte des Teiges mit Hilfe von 2 Teelöffeln in 12 Papierbackförmchen füllen und die Förmchen auf ein Backblech stellen. Die Kirschen auf dem Teig verteilen.

4 Für die Schokoküchlein unter die zweite Teighälfte Schokolade und Haselnusskerne rühren. Den Teig ebenfalls in 12 Papierbackförmchen füllen und mit auf das Backblech stellen. Das Backblech in den Backofen schieben.

Ober-/Unterhitze:
180–200 °C (vorgeheizt)
Heißluft: 160–180 °C (vorgeheizt)
Gas: etwa Stufe 3 (vorgeheizt)
Backzeit: 15–20 Min.

5 Die Küchlein vom Backblech nehmen und auf einem Kuchenrost erkalten lassen.

6 Zum Verzieren und Garnieren Puderzucker mit Wasser zu einer zähflüssigen Masse verrühren, in einen Gefrierbeutel oder ein Papiertütchen füllen, eine kleine Spitze abschneiden und die Schokoküchlein mit Gesichtern aus Guss verzieren. Mit Schokolinsen, Schokostreuseln und Kokosraspeln belegen. Die Kirschküchlein mit Spießen aus Weingummi oder Geleefrüchten garnieren.

Tipp:
Stellen Sie am besten jeweils 2 Papierbackförmchen ineinander, sie sind dann stabiler.

Clown

Zubereitungszeit: 95 Min., ohne Kühlzeit

Insgesamt:
E: 46 g, F: 103 g, Kh: 430 g, kJ: 12131, kcal: 2897

Für den All-in-Teig:
- **100 g Weizenmehl**
- **50 g Speisestärke**
- **1 Pck. Backpulver**
- **150 g gesiebter Puderzucker**
- **1 Pck. Vanillin-Zucker**
- **75 ml Speiseöl**
- **100 ml Buttermilch**
- **4 Eier (Größe M)**

Für den Guss:
- **150 g gesiebter Puderzucker**
- **2–3 EL Wasser**
- **verschiedene Speisefarben**

1 Für den Teig Mehl mit Speisestärke und Backpulver mischen und in eine Rührschüssel sieben. Puderzucker, Vanillin-Zucker, Öl, Buttermilch und Eier hinzufügen. Die Zutaten mit Handrührgerät mit Rührbesen auf höchster Stufe etwa 2 Minuten verrühren.

2 Den Teig in eine gefettete, gemehlte Clown-Backform (Länge 26 cm) füllen und glatt streichen. Die Form auf dem Rost in den Backofen schieben.

Ober-/Unterhitze:
etwa 180 °C (vorgeheizt, unterste Einschubleiste)
Heißluft: etwa 160 °C (nicht vorgeheizt)
Gas: Stufe 2–3 (nicht vorgeheizt)
Backzeit: etwa 70 Min.

3 Nach etwa 20 Minuten Backzeit das Gebäck mit einem Messer der Länge nach einschneiden.

4 Das Gebäck nach dem Backen noch etwa 10 Minuten in der Form stehen lassen. Es dann lösen, auf einen Kuchenrost stürzen und erkalten lassen.

5 Für den Guss Puderzucker mit Wasser zu einer dickflüssigen Masse verrühren. Den Guss in Portionen teilen und mit Speisefarbe unterschiedlich einfärben. Den Clown mit dem Guss verzieren und fest werden lassen.

Abwandlung:
Wenn Sie keine Clown-Backform haben, können Sie den Teig auch in einer Springform (Ø 24 cm, Boden gefettet, mit Backpapier belegt) wie oben angegeben backen. Den erkalteten Kuchen mit 200 g aufgelöster, dunkler Kuchenglasur überziehen. 250 g Marzipan-Rohmasse mit 50 g gesiebtem Puderzucker verkneten, in Größe des Kuchens ausrollen, einen Clown daraus ausschneiden und mit dem Puderzuckerguss verzieren. Den getrockneten Clown auf die Kuchenoberfläche legen.

Tipp:
Der Clown kann bis zu 2 Tage vor dem Verzehr zubereitet werden. Ohne den Puderzuckerguss kann er auch eingefroren werden.

Schlange

Zubereitungszeit: 20 Min., ohne Kühlzeit

Insgesamt:
E: 63 g, F: 548 g, Kh: 467 g, kJ: 30347, kcal: 7250

Für die Schokoladencreme:
- **100 g Halbbitter-Kuvertüre**
- **400 g Vollmilch-Kuvertüre**
- **250 g Kokosfett**
- **250 ml (1/4 l) Schlagsahne**
- **2 Pck. Vanillin-Zucker**
- **1 Pck. Finesse Orangenfrucht**

- **2 Pck. (je 150 g) Mini-Butterkekse**
- **2 Schokolinsen**
- **Zuckerschrift**
- **Weingummiband**

1 Für die Schokoladencreme beide Kuvertüresorten grob hacken, mit Kokosfett und Sahne zusammen in einem Topf im Wasserbad bei schwacher Hitze zu einer geschmeidigen Masse verrühren. Vanillin-Zucker und Orangenfrucht gut unterarbeiten.

2 Den Boden einer Kranzform (Ø 24 cm) mit einigen Butterkeksen auslegen und mit so viel Creme bestreichen, dass die Kekse bedeckt sind. Wieder mit Keksen bedecken und mit Creme bestreichen.

3 Den Vorgang wiederholen, bis Kekse und Creme aufgebraucht sind. Die letzte Schicht sollte aus Keksen bestehen. Die Form über Nacht in den Kühlschrank stellen.

4 Die Form kurz in heißes Wasser tauchen und den Kranzkuchen auf eine Platte stürzen. Den Kuchen senkrecht vierteln und die Viertel zu einer Schlange zusammenlegen.

5 Ein Ende als Kopf spitz zuschneiden, die abgeschnittenen Stücke als Schwanz ansetzen. Schokolinsen mit Zuckerschrift als Augen an den Kopf kleben. Das Weingummiband als Zunge zurechtschneiden, einen kleinen Spalt in den Schlangenkopf schneiden und die Zunge hineinstecken. Die Schlange gut gekühlt servieren.

Dekotipp:
Setzen Sie die Schlange auf eine längliche Platte und dekorieren diese mit Weingummischnüren und nach Belieben dschungelmäßig mit Papierblumen.

Tipp:
Gut gekühlt ist die Schlange einige Tage haltbar.
Nach Belieben die Kranzform mit Klarsichtfolie auslegen.

Schweineöhrchen

Foto – etwa 50 Stück
Zubereitungszeit: 40 Min., ohne Auftauzeit

Pro Stück:
E: 2 g, F: 4 g, Kh: 3 g, kJ: 223, kcal: 53

Für den Teig:

- **1 Pck. (450 g) TK-Blätterteig**

Zum Bestreichen:

- **2 Eier (Größe M)**
- **etwa 150 g geriebener Parmesan-Käse**
- **1 TL Paprikapulver edelsüß**

1 Für den Teig Blätterteig zugedeckt bei Zimmertemperatur auftauen lassen.

2 Die einzelnen Blätterteigplatten etwas ausrollen (zu einem Rechteck).

3 Zum Bestreichen Eier verquirlen. Parmesan mit Paprikapulver mischen, hinzufügen und alles miteinander verrühren. Die Masse mit Hilfe eines Messers dünn auf die Blätterteigplatten auftragen.

4 Jede Blätterteigplatte in etwa 5 gut 1 cm breite Streifen schneiden (ergibt etwa 50 Stück). Die Teigstreifen von beiden Enden her zur Mitte aufrollen.

5 Die Schweinöhrchen auf mit Backpapier belegte Backbleche legen. Die Backbleche nacheinander (bei Heißluft zusammen) in den Backofen schieben.

Ober-/Unterhitze:
etwa 200 °C (vorgeheizt)
Heißluft: etwa 180 °C (vorgeheizt)
Gas: Stufe 3–4 (vorgeheizt)
Backzeit: etwa 15 Min. pro Backblech.

6 Die Schweineöhrchen auf einem Kuchenrost erkalten lassen.

Dekotipp:
Für die Radieschen-Mäuschen Radieschen putzen, dabei die Wurzelfäden und ein kleines Stück vom Blattansatz stehen lassen. Die Radieschen seitlich einschneiden und als Ohr jeweils eine dünne Radieschenscheibe hineinstecken.

Schafkäsetaschen

12 Stück
Zubereitungszeit: 50 Min.

Pro Stück:
E: 8 g, F: 16 g, Kh: 15 g, kJ: 1015, kcal: 242

Für den Quark-Öl-Teig:

- **200 g Weizenmehl**
- **3 gestr. TL Backpulver**
- **100 g Magerquark**
- **4 EL Milch**
- **4 EL Speiseöl**
- **½ gestr. TL Salz**

Für die Füllung:

- **200 g Schafkäse**
- **5 EL Speiseöl**
- **1 Pck. gemischte TK-Kräuter**
- **1 Eigelb**
- **1 EL Milch**
- **je 3 EL Sesam-, Mohn- und Kümmelsamen**

1 Für den Teig Mehl mit Backpulver mischen und in eine Rührschüssel sieben. Quark, Milch, Öl und Salz hinzufügen. Die Zutaten

(Fortsetzung Seite 138)

mit Handrührgerät mit Knethaken auf höchster Stufe etwa 1 Minute verarbeiten (nicht zu lange, Teig klebt sonst).

2 Anschließend auf der bemehlten Arbeitsfläche zu einer Rolle formen und auf eine Größe von etwa 24 x 32 cm ausrollen. Den Teig in Quadrate von etwa 8 x 8 cm schneiden und auf ein mit Backpapier belegtes Backblech legen.

3 Für die Füllung Schafkäse etwas zerkrümeln, mit Öl und Kräutern vermengen und auf die Teigstücke verteilen. Eigelb mit Milch verschlagen und die Teigränder damit bestreichen. Die Teigstücke zu Dreiecken zusammenklappen und die Teigränder gut andrücken.

4 Die Dreiecke mit Eigelbmilch bestreichen und mit Sesam, Mohn und Kümmel bestreuen.

Ober-/Unterhitze:
etwa 180 °C (vorgeheizt)
Heißluft: etwa 160 °C (vorgeheizt)
Gas: Stufe 2–3 (vorgeheizt)
Backzeit: etwa 20 Min.

5 Die Schafkäsetaschen auf einen Kuchenrost legen und etwas abkühlen oder vollständig erkalten lassen. Sie schmecken warm und kalt.

Käsige Muffins

22 Stück
Zubereitungszeit: 50 Min.

Pro Stück:
E: 8 g, F: 14 g, Kh: 12 g, kJ: 920, kcal: 220

- **200 g gekochter Schinken**
- **200 g Schweizer Käse, z. B. Emmentaler**
- **1 Bund glatte Petersilie**
- **150 g Butter oder Margarine**
- **5 Eier (Größe M)**
- **200 ml Schlagsahne**
- **350 g Weizenmehl**
- **1 Pck. Backpulver**
- **Salz**
- **frisch gemahlener Pfeffer**
- **geriebene Muskatnuss**

Außerdem:
- **22 kleine Back- oder Souffléförmchen oder 44 Papierbackförmchen**

1 Schinken in Würfel schneiden. Käse reiben. Petersilie abspülen, trockentupfen, die Blättchen von den Stängeln zupfen und hacken.

2 Butter oder Margarine mit Handrührgerät mit Rührbesen auf höchster Stufe geschmeidig rühren. Nach und nach Eier unterrühren (jedes Ei etwa ½ Minute).

3 Mehl mit Backpulver mischen, sieben und portionsweise abwechselnd mit der Sahne auf mittlerer Stufe unterrühren. Petersilie, Schinkenwürfel und Käse unterrühren. Mit Salz, Pfeffer und Muskat würzen.

4 Den Teig in gut gefettete Back- oder Souffléförmchen verteilen oder ihn in jeweils 2 ineinander gestellte Papierbackförmchen füllen. Die Souffléförmchen auf dem Rost, die Papierbackförmchen auf dem Backblech in den Backofen schieben.

Ober-/Unterhitze:
etwa 180 °C (vorgeheizt)
Heißluft: etwa 160 °C (vorgeheizt)
Gas: Stufe 2–3 (vorgeheizt)
Backzeit: 25–30 Min.

Tipp:
Die Muffins schmecken warm oder kalt.
Sie können anstelle der Backförmchen auch eine Muffinform verwenden.

Kräuterflitzer

8–10 Portionen
Zubereitungszeit: 60 Min., ohne Teiggehzeit

Pro Portion:
E: 12 g, F: 13 g, Kh: 75 g, kJ: 2074, kcal: 496

Für den Hefeteig:
- **900 g Weizenmehl**
- **2 Pck. Trockenhefe**
- **2 TL Salz**
- **100 ml Olivenöl**
- **375 ml (3/8 l) lauwarmes Wasser**

Für den Belag:
- **6 mittelgroße Tomaten (300 g)**
- **1 Bund Oregano**
- **1 kleine Tube (100 g) Tomatenmark**
- **Salz**
- **frisch gemahlener Pfeffer**
- **etwas Olivenöl zum Beträufeln**

1 Für den Teig Mehl in eine Rührschüssel sieben und mit der Hefe sorgfältig vermischen. Salz, Öl und Wasser hinzufügen.

2 Die Zutaten mit Handrührgerät mit Knethaken zunächst auf niedrigster, dann auf höchster Stufe in etwa 5 Minuten zu einem Teig verarbeiten. Den Teig zugedeckt an einem warmen Ort so lange stehen lassen, bis er sich sichtbar vergrößert hat (etwa 30 Minuten).

3 Den Teig leicht mit Mehl bestäuben, aus der Schüssel nehmen, auf der Arbeitsfläche nochmals kurz durchkneten und in 3 Portionen teilen. Aus jeder Portion einen länglichen, nicht zu dünnen Fladen in Form eines Autos ziehen, dabei etwas Teig abnehmen, Räder daraus formen und auf die Teigfladen legen. Die Fladen auf mit Backpapier belegte Backbleche legen.

4 Für den Belag Tomaten waschen, abtropfen lassen, Stängelansätze entfernen und Tomaten in Scheiben schneiden. Oregano abspülen, trockentupfen, die Blättchen von den Stängeln zupfen und fein hacken.

5 Die Oberfläche der Fladen mit Tomatenmark bestreichen, mit Oregano bestreuen, mit Tomatenscheiben belegen, salzen, pfeffern und mit Öl beträufeln. Die Teigfladen nochmals kurz gehen lassen.

6 Die Backbleche nacheinander (bei Heißluft zusammen) in den Backofen schieben.

Ober-/Unterhitze:
180–200 °C (vorgeheizt)
Heißluft: 160–180 °C (vorgeheizt)
Gas: etwa Stufe 3 (vorgeheizt)
Backzeit: etwa 30 Min. pro Backblech.

Dekotipp:
Nach Belieben aus einer kleinen Teigportion eine Ampel formen und als Lichter je einen Kreis aus roter, gelber und grüner Paprikaschote aufsetzen. Die Ampel mit auf ein Backblech legen und backen. Oder als Tischdeko aus bunter Pappe Ampeln basteln.

Abwandlung:
Nach Belieben die Kräuterflitzer zusätzlich mit Salami- oder Schinkenscheiben und geriebenem Käse oder Mozzarellascheiben belegen.

Tipp:
Schneller und einfacher geht's, wenn Sie Pizzateig-Fertigmischungen verwenden.

Kalifenhörnchen

40 Stück
Zubereitungszeit: 50 Min., ohne Auftauzeit

Pro Stück:
E: 3 g, F: 9 g, Kh: 8 g, kJ: 533, kcal: 128

Für den Teig:
- **2 Pck. (je 450 g) TK-Blätterteig (je 10 quadratische Platten)**

Für die Füllung:
- **1 Becher (150 g) Crème fraîche**
- **200 g fein geriebener, mittelalter Gouda**

Zum Bestreichen:
- **2 Eier**

1 Für den Teig Blätterteig nebeneinander zugedeckt bei Zimmertemperatur auftauen lassen. Dann die Platten diagonal halbieren, so dass Dreiecke entstehen (ergibt 40 Stück).

2 Für die Füllung Crème fraîche mit Gouda verrühren und auf jedes Teigdreieck ein Häufchen der Masse geben.

3 Zum Bestreichen Eier verquirlen und die Ränder der Dreiecke damit bestreichen. Die Dreiecke von der breiten Seite her aufrollen und halbmondartig formen.

4 Die Blätterteighörnchen auf mit Backpapier belegte Backbleche geben und mit Ei bestreichen. Die Backbleche nacheinander (bei Heißluft zusammen) in den Backofen schieben.

Ober-/Unterhitze:
etwa 200 °C (vorgeheizt)
Heißluft: etwa 180 °C (vorgeheizt)
Gas: Stufe 3–4 (vorgeheizt)
Backzeit: 12–15 Min.
pro Backblech.

5 Die Hörnchen auf einem Kuchenrost etwas abkühlen oder vollständig erkalten lassen, sie schmecken warm und kalt.

Beilage:
Dazu schmeckt ein bunter Salat.

Abwandlung:
Für **süße Blätterteighörnchen** für die Füllung anstelle von Crème fraîche und Gouda 100 g Marzipan-Rohmasse mit 1 Ei verkneten und auf den Teigdreiecken verteilen. Die Hörnchen mit Nüssen oder Hagelzucker bestreuen und wie oben angegeben backen.

Tipp:
Falls Sie rechteckige Blätterteigscheiben verwenden, diese jeweils so übereinander legen und ausrollen, dass Quadrate von etwa 12 x 12 cm entstehen. Eventuell anfallende Teigreste übereinander legen, ausrollen, mit verquirltem Ei bestreichen und wahlweise mit Mohn, Kümmel oder Paprika bestreuen. Die Teigplatte in Streifen schneiden oder Formen daraus ausstechen, mit auf die Backbleche legen und backen.

Shakes, Bowlen & Co.
für coole Kids.

Coole Drinks

Tropischer Eisdrink "King Louis"

8 Portionen
Zubereitungszeit: 15 Min.

Pro Portion:
E: 4 g, F: 6 g, Kh: 34 g
kJ: 907, kcal: 216

- **2 Bananen**
- **8 Kugeln Joghurt-Eiscreme**
- **1,6 l Maracujasaft oder -nektar**

Zum Garnieren:

- **1 Banane**
- **etwas Zitronensaft**
- **1 Sternfrucht (Karambole)**
- **8 Pfefferminzzweige**

1 Bananen schälen, in Stücke schneiden und mit Joghurt-Eiscreme und Maracujasaft oder -nektar im Mixer pürieren. Das Getränk in vorgekühlte Gläser füllen.

2 Zum Garnieren Banane schälen, in Scheiben schneiden und mit Zitronensaft beträufeln. Sternfrucht waschen, abtrocknen und ebenfalls in Scheiben schneiden.

3 Die Gläser mit Bananen- und Sternfruchtscheiben sowie Minzezweigen garnieren. Den Drink sofort servieren.

Tipp:
Anstelle von Joghurt-Eiscreme können Sie auch Vanille- oder Frucht-Eiscreme verwenden.

Hexentrunk "Abrakadabra"

Foto – 8 Portionen
Zubereitungszeit: 20 Min., ohne Kühlzeit

Pro Portion:
E: 2 g, F: 1 g, Kh: 36 g, kJ: 681, kcal: 163

- **2 Honigmelonen (etwa 1,5 kg)**
- **Saft von 1 Zitrone**
- **1 Pck. Vanillin-Zucker**
- **2 geh. EL Zucker**
- **1 l klarer Apfelsaft**
- **750 ml (3/4 l) Orangensaft**
- **1 Orange (unbehandelt)**
- **1 Zitrone (unbehandelt)**
- **750 ml (3/4 l) kaltes Mineralwasser**

1 Melonen in der Mitte längs durchschneiden, in Viertel teilen, die Kerne mit einem Löffel herauskratzen und die Schale dick abschälen.

2 Mit einem Buntschneidemesser kleine Würfel, Stäbchen oder Figuren aus dem Melonenfruchtfleisch schneiden und mit einem Kugelausstecher kleine Kugeln ausstechen. Alles in ein Bowlegefäß oder einen großen Glaskrug geben.

3 Zitronensaft über die Melonenstücke gießen und Vanillin-Zucker und Zucker darüber streuen. Dann Apfel- und Orangensaft dazugeben.

4 Orange und Zitrone gründlich waschen, abtrocknen und in Scheiben schneiden. Die Scheiben in die Bowle geben, das Gefäß zudecken und etwa 6 Stunden in den Kühlschrank stellen.

5 Kurz vor dem Servieren Orangen- und Zitronenscheiben entfernen, das Mineralwasser in die Bowle gießen und mit einer Schöpfkelle umrühren.

Dekotipp:
Den Tisch mit aus schwarzer Pappe ausgeschnittenen Katzen und kleinen Hexenbesen dekorieren. Die Katzen eignen sich auch als Namenskärtchen.

Schmelzender Schneemann

8 Portionen
Zubereitungszeit: 15 Min.

Pro Portion:
E: 9 g, F: 14 g, Kh: 23 g, kJ: 1091, kcal: 260

- **1,5 l Milch**
- **150 g Blockschokolade**
- **2 geh. EL Kakaopulver**
- **8 Kugeln Vanille-Eiscreme**

1 Milch in einem Topf zum Kochen bringen. Schokolade zerkleinern und mit dem Kakao unterrühren. Den Topf von der Kochstelle nehmen und so lange weiterrühren, bis die Schokolade gelöst ist.

2 Je 1 Eiskugel in 8 große Trinkbecher geben und die heiße Schokolade darüber gießen.

Abwandlung:
Anstelle von Vanille- können Sie auch Schokoladen-Eiscreme verwenden.

Früchtebowle

Foto – 8 Portionen
Zubereitungszeit: 20 Min., ohne Kühlzeit

Pro Portion:
E: 1 g, F: 0 g, Kh: 18 g, kJ: 343, kcal: 83

- **500 g Früchte der Saison, z. B. Kirschen, Johannisbeeren, Melone, Ananas**
- **1 l Apfelsaft**
- **750 ml (3/4 l) Mineralwasser**
- **Eiswürfel**

1 Die Früchte vorbereiten: Kirschen waschen, abtropfen lassen und entsteinen. Johannisbeeren waschen, abtropfen lassen und mit einer Gabel von den Rispen streifen. Melone halbieren, die Kerne entfernen, Melone schälen und mit einem Kugelausstecher aus dem Fruchtfleisch Kugeln ausstechen. Ananas schälen, in Scheiben schneiden, den harten Strunk entfernen und das Fruchtfleisch würfeln.

2 Die vorbereiteten Früchte in ein Bowlegefäß oder einen großen Glaskrug geben. Apfelsaft und Mineralwasser hinzufügen und die Bowle einige Stunden im Kühlschrank durchziehen lassen.

3 Die Bowle mit Eiswürfeln in Gläser füllen und servieren.

Dekotipp:
Die Gläser mit bunten Spießen oder Getränkelöffeln versehen.

Tipp:
Auch einfache Fruchtsäfte, wie z. B. Orangen- oder Maracujasaft finden reißenden Absatz, wenn Sie die Gläser mit Spießen mit Obststückchen versehen und Früchte oder Fruchtstückchen an den Glasrand stecken.

Mirakulix

8 Portionen
Zubereitungszeit: 10 Min.

Pro Portion:
E: 1 g, F: 0,1 g, Kh: 19 g kJ: 332, kcal: 80

- **1 l Aprikosennektar**
- **4 EL flüssiger Honig oder 60 g Zucker**
- **6 EL frisch gepresster Zitronen- oder Orangensaft**
- **Eiswürfel**
- **Mineralwasser**

1 Aprikosennektar, Honig oder Zucker und Zitronen- oder Orangensaft verrühren. Je 1–2 Eiswürfel in 8 hohe Bechergläser geben.

2 Die Saftmischung auf die Gläser verteilen und mit Mineralwasser auffüllen.

Abwandlung:
Anstelle von Aprikosennektar können Sie auch Multivitamin- oder roten Traubensaft verwenden.

Tipp:
Servieren Sie den Drink zur Abwechslung mit Eiswürfeln aus Fruchtsaft.

Kokos-Milch-Shake

8–10 Portionen
Zubereitungszeit: 15 Min.

Pro Portion:
E: 6 g, F: 14 g, Kh: 29 g,
kJ: 1150, kcal: 274

- **1,5 l kalte Milch**
- **300 ml Kokosnusscreme (Cream of Coconut, aus der Dose)**
- **2 Pck. Vanillin-Zucker**

Zum Garnieren:
- **100 g Kokosraspel**
- **2–3 Ananasscheiben (aus der Dose)**

1 Milch, Kokosnusscreme und Vanillin-Zucker verrühren, bis sich der Vanillin-Zucker aufgelöst hat.

2 Zum Garnieren Kokosraspel in einen tiefen Teller geben. Die Glasränder befeuchten (z. B. mit Ananassaft oder Zitronensaft) und den feuchten Rand in die Kokosraspel drücken.

3 Den Drink in die vorbereiteten Gläser füllen. Ananasscheiben vierteln und die Gläser damit garnieren.

Tipp:
Nach Belieben können Sie auch einige Kugeln Vanille-Eiscreme mit dem Kokos-Milch-Shake im Mixer verquirlen.

Birnen-Kefir-Mix

8–10 Portionen
Zubereitungszeit: 15 Min.

Pro Portion:
E: 4 g, F: 4 g, Kh: 12 g,
kJ: 479, kcal: 115

- **200 g Himbeeren**
- **2 Dosen Birnenhälften (Abtropfgewicht je 460 g)**
- **1 l Kefir**

1 Himbeeren verlesen. Einige schöne Himbeeren und Birnenhälften für die Dekoration beiseite stellen.

2 Die restlichen Himbeeren und Birnen mit dem Birnensaft aus der Dose im Mixer zerkleinern und mit Kefir verrühren. Den Mix in Gläser füllen und mit den zurückgelassenen Birnenhälften und Himbeeren garnieren.

Dekotipp:
Nach Belieben die Glasränder vor dem Befüllen mit Zitronensaft befeuchten und in Zucker eintauchen.

Abwandlung:
Für einen **Bananen-Shake** 4 Bananen schälen, klein schneiden und mit 5 Esslöffeln Zitronensaft in einem Mixer pürieren. 2 Päckchen Vanillin-Zucker und etwas von 1,5 l Milch hinzufügen und nochmals pürieren. Alles in einen großen Krug füllen und mit der restlichen Milch verrühren.

Ratgeber

Damit die Party zu einem vollen Erfolg wird, sollten Sie die Vorbereitungen mit dem kleinen Gastgeber abstimmen. Was sind die Lieblingsspeisen, was soll es zu trinken geben, was wird gespielt und soll das Fest unter ein Motto gestellt werden? Verschiedene Rezeptvorschläge für Themenpartys finden Sie auf den Seiten 154–157.

Tischdekoration

Eine große Rolle spielt natürlich die Dekoration, die vor allem eins sein muss: möglichst bunt. Damit in einem schön geschmückten Zimmer neben Luftballons, bunten Lichterketten und Luftschlangen der Esstisch nicht mit einer weißen (nach der Party nicht mehr ganz so weißen) Tischdecke aus dem Rahmen fällt, versuchen Sie doch mal den folgenden nicht nur hübschen, sondern auch preiswerten und praktischen Vorschlag: Decken Sie den gesamten Tisch kunterbunt mit verschiedenfarbigem Seidenpapier ab (mit kleinen Klebestreifen möglichst unsichtbar befestigen). Verteilen Sie darüber reichlich Konfetti und bedecken Sie alles mit Cellophanpapier (dieses wiederum mit Klebestreifen am Tisch befestigen). Auch Geschenkpapier oder Tapeten können als Tischdecke zweckentfremdet werden.

Bunte Teller machen sich auf jedem Partytisch gut. Aber auch schlichte Teller lassen sich durch kleine Aufkleber auf dem Rand schnell aufpeppen (Beispiel *Nussige Schnutenpitzel*, S. 52). Wenn Sie dazu noch Kinderbesteck aus Holz oder buntes Plastikbesteck decken, steht einem munteren Schmausen nichts mehr im Wege.
Als Tischdekoration eignen sich natürlich auch Gegenstände passend zum Partymotto. Für eine Winter- oder Schneeballparty können Sie den Tisch z. B. mit kleinen Schneemännern aus Wattebäuschchen dekorieren (Beispiel *Heißes Schneegestöber*, S. 14). Für einen Gespenster-Spuk aus dickem Papier oder dünner Pappe eine Gespenstergirlande ausschneiden und mit Gesichtern bemalen (Beispiel *Gespenstergrütze*, S. 116). Für eine Märchenparty aus starker Pappe unterschiedlich große Streifen ausschneiden. An der einen Längsseite etwa bis zur Hälfte der Breite Zacken ausschneiden und die Streifen zu Krönchen zusammenkleben oder -heften (Beispiel *Herzoginnen-Törtchen*, S. 78). Sie können die Krönchen auch mit dünnen Gummibändern versehen, so dass die Tischdekoration später auf dem Kopf getragen werden kann. Für einen Hexentanz den Tisch mit aus schwarzer Pappe ausgeschnittenen Katzen und kleinen Hexenbesen dekorieren (Beispiel *Hexentrunk „Abrakadabra“*, S. 146).

Platz- oder Namenskärtchen

Platz- oder Namenskärtchen sehen auf einem bunt gedeckten Tisch nicht nur gut aus, sie verhindern auch Rangeleien und Streitereien, wenn es darum geht, wer neben wem sitzen darf. Für einfache Kärtchen schneiden Sie z. B. aus Fotokarton oder bunter Pappe Rechtecke aus, falten sie in der Mitte und versehen sie mit Namen. Dabei kann Ihr Kind bereits im Vorfeld helfen und die Kärtchen bemalen oder mit Aufklebern bekleben.
Sie können die Kärtchen auch auf das Thema der Party abstimmen und z. B. bei einer Mulitkulti-Party die Namen auf Papier mit chinesischen Schriftzeichen schreiben und die Zettel auf Ess-Stäbchen aufspießen (Beispiel *Drei Chinesen mit dem Kontrabass*, S. 86). Auch die bereits als Tischdekoration erwähnten schwarzen Katzen oder Krönchen eignen sich.
Sie können auch auf den Rand der Teller mit Zuckerguss die Namen der Kinder schreiben oder Weingummi-Buchstaben mit Zuckerguss auf den Tellerrändern festkleben.

Essensdekoration

Den meisten Kinder schmeckt das Essen gleich viel besser, wenn es witzig zurechtgemacht und serviert wird. Nachfolgend zeigen wir Ihnen einige Möglichkeiten, den kleinen Gästen das Essen auch optisch schmackhaft zu machen.
Suppenoberflächen, schlichte Desserts oder Kuchenoberflächen können Sie ganz schnell und einfach aufpeppen, indem Sie je nach Gericht geschlagene Sahne oder Crème fraîche in einen Spritzbeutel mit kleiner, runder Tülle füllen und Muster oder Gesichter aufspritzen (Beispiele *Anti-Vampir-Suppe*, S. 10, *Lachender Obstkuchen*, S. 128).
Suppen werden auch für Suppenkasper viel interessanter, wenn die Gemüseeinlage nicht einfach in Würfel geschnitten wird, sondern als Kugeln oder Figuren in der Suppe schwimmt (Beispiel *Sterntalersuppe*, S. 12). Dazu entweder mit einem Kugelausstecher aus dem Gemüse Kugeln ausstechen oder das blanchierte Gemüse in dünne Streifen schneiden (evtl. mit einem Sparschäler) und mit Hilfe von Plätzchenausstechern Figuren daraus ausstechen. Sie können mit den Figuren auch die Tellerränder dekorieren (Beispiel *Häschensuppe*, S. 8).
Salat schmeckt den Kids gleich viel besser, wenn er nicht in einer langweiligen Schüssel, sondern in kleinen, ausgehöhlten Tomaten (Beispiel *Rotkäppchen-Salat*, S. 20) angerichtet

wird. Obstsalat können Sie auch in einer ausgehöhlten Melone oder einer Kokosnuss servieren.
Spieße sind auf jeder Kinderparty der Renner. Die mundgerechten Häppchen verschwinden schneller als man gucken kann einfach so zwischendurch in den Futterluken. Sie haben außerdem den Vorteil, dass sie einfach und gut vorzubereiten sind. Besonders witzig sieht es aus, wenn Sie die Spieße je nach Größe in eine Melone, Orange, einen Apfel oder ähnliches stecken (evtl. vorher eine Standfläche abschneiden). Wenn Sie die vorbereiteten Zutaten in Schüsseln bereitstellen, können die kleinen Gäste auch selber mithelfen.
Einfache Holzspieße können Sie ganz schnell in Robin-Hood-Pfeile verwandeln, indem Sie am stumpfen Ende eine kleine Feder und am spitzen Ende ein buntes Dreieck aus Pappe befestigen (Beispiel *Gemüsepfeile „Robin Hood"*, S. 30). Auch aus hart gekochten Eiern kann man schöne Dekorationen zaubern (Beispiel *Fliegenpilze*, S. 46, *Igelei*, S. 42).
Für **Radieschen-Mäuschen** Radieschen putzen, dabei die Wurzelfäden und ein kleines Stück vom Blattansatz stehen lassen. Die Radieschen seitlich einschneiden und als Ohr jeweils eine dünne Radieschenscheibe hineinstecken (Beispiel *Schweineöhrchen*, S. 136). Für **Tomaten-Gurken-Schiffchen** (S. 26) ein Stück Salatgurke in knapp 1 cm dicke Scheiben schneiden, aus jeder Scheibe ein Dreieck ausschneiden (oder aus Paprikaschoten Dreiecke ausschneiden) und mit Hilfe eines Zahnstochers auf Tomatenviertel stecken.

Ein einfacher Pudding schmeckt mindestens doppelt so gut, wenn Sie ihn in Form eines **Puddingkäfers** servieren. Dazu nach Packungsanleitung einen Pudding aus 2 Päckchen Pudding-Pulver Vanille-Geschmack, 80 g Zucker und 850 ml Milch (nicht wie auf der Packung angegeben 1 l, da sich der Pudding durch die festere Konsistenz besser stürzen lässt) kochen, in eine flache Schüssel (Inhalt etwa 1 l) füllen und mehrere Stunden (am besten über Nacht) kalt stellen. Den Pudding dann auf eine Platte stürzen und mit Schokostreuseln, Sahnetupfen, Geleehimbeeren und Lakritzkonfekt wie einen Käfer garnieren.
Auch der allseits beliebte **Wackelpudding** wird in Form einer Mickymaus noch interessanter. Dazu Götterspeise nach Packungsanleitung zubereiten, in eine Glasschüssel mit Fuß füllen und fest werden lassen. Für die Mickymaus-Ohren aus Fotokarton 2 runde Platten ausschneiden, nicht ganz bis zur Mitte einschneiden, die Schnittstellen etwas übereinander legen und festklammern. Die Ohren auf einen doppelt gefalteten Streifen Karton klammern, den Streifen über die Schüssel biegen und befestigen. Falls Sie die Mickymaus-Ohren für jeden Ihrer kleinen Gäste machen wollen, versehen Sie die Enden des Streifens mit einem Gummiband. So können die Kids die Ohren auf den Kopf setzen.

Getränkedekorationen

Das i-Tüpfelchen für eine gelungene Kinderfete sind die passenden Getränke. Fruchtsäfte, Fruchtsaftschorlen, Früchtetee oder Limonade finden reißenden Absatz, wenn Sie Früchte, Fruchtstückchen, Zitronenmelisse- oder Minzezweige an den Glasrand stecken oder die Gläser mit Fruchtspießen (Beispiel *Früchtebowle*, S. 148) versehen.
Sie können auch die Glasränder vor dem Befüllen der Gläser mit Wasser, Zitronen- oder anderem Fruchtsaft befeuchten und in Zucker (Beispiel *Birnen-Kefir-Mix*, S. 150), Buntzucker oder Kokosraspel (Beispiel *Kokos-Milch-Shake*, S. 150) eintauchen (Saft und andere Zutaten dazu jeweils in Teller geben).

Bei heißem Wetter ist es besonders schön, wenn Sie aus Fruchtsaft **Eiswürfel** herstellen. So verwässert das Getränk nicht, wie es bei der Verwendung von Wassereiswürfeln der Fall wäre (evtl. Eiswürfelbehälter in Früchte- oder Tierform verwenden).

Piraten- oder Seeräuberparty (8–10 Portionen)

1 x Rezept	Piratenspießchen (S. 60)	Zutaten am Vorabend oder morgens vorbereiten, die Kinder können die Spieße zusammenstellen.
1 x Rezept	Pizzagesichter (S. 98)	Hefeteig morgens zubereiten und im Kühlschrank gehen lassen, die Kinder können die Teigplatten belegen.
	oder	
1 x Rezept	Schatzkartoffeln (S. 104)	Kartoffeln morgens vorbereiten und füllen, direkt vorm Verzehr backen.
1 x Rezept	Pi-Pa-Popcorn (S. 42)	Mit den Kindern zusammen machen. **Achtung**: Deckel geschlossen halten!
1/2 x Rezept	Obstsalat „Alibaba" (S. 28)	Grießmasse am Vorabend zubereiten, aber frisch vorm Verzehr braten. Obstsalat einige Stunden vorm Verzehr zubereiten.
1/2 x Rezept	Freche Früchtchen (S. 48)	Maximal 3–4 Stunden vorm Verzehr zubereiten.
Außerdem:	Fladenbrot, Pizzabrötchen, Ciabatta	

Tierische Zooparty (8–10 Portionen)

1 x Rezept	Häschensuppe (S. 8)	Suppe am Vortag zubereiten, ohne Sahne gefriergeeignet.
1/2 x Rezept	Tortellinisalat „Pinocchio" (S. 22)	Am Vortag zubereiten.
1 x Rezept	Nussige Schnutenpitzel (S. 52)	Frisch zubereiten.
	oder	
1 x Rezept	Schmetterlingspfanne (S. 72)	Morgens zubereiten (ohne Thymian) und vorm Verzehr vorsichtig erwärmen.
1 x Rezept	Froschquark (S. 124)	Am Vorabend oder morgens vorbereiten, Frösche frisch dekorieren.
1 x Rezept	Schweineöhrchen (S. 136)	Morgens zubereiten.
1 x Rezept	Mirakulix (S. 148)	Frisch zubereiten.
Außerdem:	Grissini, Laugengebäck, Brötchen in Tierform (beim Bäcker fragen)	

Sommer- oder Grillparty (8–10 Portionen)

1/2 x Rezept	Nudel-Dudel-Salat (S. 16)	Am Vortag zubereiten.
1/2 x Rezept	Hanswurst im Salat (S. 24)	Salat am Vortag zubereiten.
1/2 x Rezept	Sahnig-süßer Knacksalat (S. 18)	Zutaten morgens vorbereiten, erst kurz vorm Verzehr mischen.
1 x Rezept	Hot Dogs (S. 54)	Vorbereitete Zutaten bereitstellen, Würstchen können auf dem Grill (Aluschale) erwärmt werden, die Kinder können die Hot Dogs selbst zusammensetzen.
	oder	
1 x Rezept	Musketier-Spieße (S. 66)	Spieße morgens vorbereiten, können draußen gegrillt werden.
1 x Rezept	Antarktische Früchtchen (S. 118)	Das Halbgefrorene einige Tage vorher zubereiten, die Schoko-Erdbeeren am Vortag.
1 x Rezept	Früchtebowle (S. 148)	Einige Stunden vorm Verzehr zubereiten.
Außerdem:	Partysonne oder -brötchen, Kräuterbutter-Baguette (zum Aufbacken), Ciabatta	

Winterparty/Schneetreiben (8–10 Portionen)

1 x Rezept	Heißes Schneegestöber (S. 14)	Suppe am Vortag, Schneeklößchen frisch zubereiten.
1 x Rezept	Südpolspaghetti (S. 80)	Gemüse morgens kochen, frisch andünsten und mit den Spaghetti mischen.
	oder	
1/2 x Rezept	Kraftknöllchen (S. 80)	Gemüse morgens kochen, vorm Verzehr wieder erwärmen.
+ 1 x Rezept	Kleine Hackfleischbällchen auf Pumpernickel (S. 34)	Hackfleischbällchen am Vortag zubereiten, die Spieße morgens zusammenstecken.
1 x Rezept	Süße Überraschung (S. 106)	Frisch zubereiten.
	oder	
1 x Rezept	Zimttoasts mit Obstspießen (S. 50)	Obstspieße morgens (oder Früchte vorbereiten und von den Kindern aufspießen lassen), Zimttoasts frisch zubereiten.
1 x Rezept	Weißes Schokofondue (S. 124)	Beigaben morgens vorbereiten, Fondue frisch zubereiten.
1 x Rezept	Schmelzender Schneemann (S. 146)	Frisch zubereiten.
<u>Außerdem:</u>	Vollkorntoast, Baguette, Kräcker	

Zirkusvergnügen (8–10 Portionen)

1/2 x Rezept	Miniwürstchen-Salat (S. 18)	Morgens zubereiten.
1/2 x Rezept	Rotkäppchen-Salat (S. 20)	Salat morgens zubereiten, erst kurz vorm Verzehr in die Tomaten füllen.
1 x Rezept	Schneckenpost (S. 38)	Pfannkuchen am Vortag backen, morgens füllen und frisch überbacken.
	oder	
1 x Rezept	Schmetterlingspfanne (S. 72)	Morgens zubereiten (ohne Thymian) und vorm Verzehr vorsichtig erwärmen.
1 x Rezept	Clown (S. 132)	Bis zu 2 Tage vorm Verzehr backen, ohne Guss gefriergeeignet.
1 x Rezept	Birnen-Kefir-Mix (S. 150)	Frisch zubereiten, Glasranddeko kann von den Kinder gemacht werden.
<u>Außerdem:</u>	Käsestangen, Laugengebäck, Bagels	

Dschungelparty (8–10 Portionen)

1/2 x Rezept	Balus Bananentoast (S. 40)	Frisch zubereiten.
1 x Rezept	Dschungelschnitzel à la Tarzan (S. 70)	Frisch zubereiten oder am Vortag zubereiten und kalt servieren.
1/2 x Rezept	Risi-Bisi (S. 84)	Am Vortag zubereiten und vorm Verzehr vorsichtig erwärmen.
1 x Rezept	Giraffencreme (S. 108)	Morgens zubereiten.
1 x Rezept	Schlange (S. 134)	Bis zu 3 Tage vorm Verzehr zubereiten (gut kühlen!).
1/2 x Rezept	Tropischer Eisdrink „King Louis" (S. 144)	Frisch zubereiten.
1/2 x Rezept	Kokos-Milch-Shake (S. 150)	Frisch zubereiten, Glasranddeko kann von den Kinder gemacht werden.
<u>Außerdem:</u>	Kräuterbutter-Baguette (zum Aufbacken), Toast	

Karnevalsparty

(8–10 Portionen)

1 x Rezept	Suppenkasper-Alphabet (S. 16)	Am Vortag zubereiten.
1/2 x Rezept	Hanswurst im Salat (S. 24)	Salat am Vortag zubereiten.
1/2 x Rezept	Tortellinisalat „Pinocchio“ (S. 22)	Am Vortag zubereiten.
1/2 x Rezept	Pfannkuchen „Max und Moritz“ (S. 64)	Frisch zubereiten.
1 x Rezept	Kunterbunte Götterspeise (S. 110)	Am Vortag zubereiten.
1 x Rezept	Minikuchen (S. 130)	Am Vortag backen, Deko können die Kinder machen.
1 x Rezept	Bananen-Shake (S. 150)	Frisch zubereiten.
<u>Außerdem:</u>	Partysonne oder -brötchen, Laugengebäck	

Gespenster-Spuk

(8–10 Portionen)

1 x Rezept	Anti-Vampir-Suppe (S. 10)	Am Vortag zubereiten (ohne Deko).
1 x Rezept	Miniwürstchen-Salat (S. 18)	Morgens zubereiten.
1 x Rezept	Kartoffeln im Glitzerkleid (S. 94)	Quarkremoulade am Vortag zubereiten, Kartoffeln einige Stunden vorm Verzehr in Alufolie wickeln, frisch backen.
1 x Rezept	Gespenstergrütze (S. 116)	Grütze und Sauce am Vortag zubereiten.
1 x Rezept	Früchtebowle (S. 148)	Einige Stunden vorm Verzehr zubereiten.
<u>Außerdem:</u>	Ciabatta, Kräcker, Knoblauchbaguette (zum Aufbacken)	

Märchenparty

(8–10 Portionen)

1/2 x Rezept	Eisbärsalat „Alaska“ (S. 26)	Zutaten morgens vorbereiten, erst kurz vorm Verzehr mischen.
1/2 x Rezept	Rotkäppchen-Salat (S. 20)	Salat morgens zubereiten, erst kurz vorm Verzehr in die Tomaten füllen.
1 x Rezept	Kraftknöllchen (S. 80)	Gemüse morgens kochen, vorm Verzehr wieder erwärmen.
1/2 x Rezept	Schatzkartoffeln (S. 104)	Kartoffeln morgens vorbereiten und füllen, direkt vorm Verzehr backen.
1 x Rezept	Froschquark (S. 124)	Am Vorabend oder morgens vorbereiten, Frösche frisch dekorieren.
1 x Rezept	Lachender Obstkuchen (S. 128)	Am Verzehrtag zubereiten, ohne Sahnedeko gefriergeeignet.
<u>Außerdem:</u>	Vollkorntoast, Baguette, Toast-Waffeln	

1001-Nacht-Party

(8–10 Portionen)

1 x Rezept	Sterntalersuppe (S. 12)	Am Vortag zubereiten.
1/2 x Rezept	Türkische Sandwiches (S. 32)	Zutaten morgens vorbereiten, das Füllen der Brote können die Kinder übernehmen.
1/2 x Rezept	Sesam-öffne-dich-Bällchen (S. 68)	Frisch zubereiten oder am Vortag zubereiten und kalt servieren.
1 x Rezept	Obstsalat „Alibaba“ (S. 28)	Grießmasse am Vorabend zubereiten, aber frisch vor dem Verzehr braten Obstsalat einige Stunden vorm Verzehr zubereiten.
1 x Rezept	Kalifenhörnchen (S. 142)	Frisch zubereiten oder morgens zubereiten und kalt servieren.
<u>Außerdem:</u>	Fladenbrot, Sesamringe	

Hexentanz

(8–10 Portionen)

1/2 x Rezept	Leberkäsehäppchen (S. 36)	Morgens zubereiten oder vorbereitete Zutaten für die Kinder bereitstellen.
1/2 x Rezept	Fliegenpilze (S. 46)	Morgens zubereiten.
1 x Rezept	Kartoffeln im Glitzerkleid (S. 94)	Quarkremoulade am Vortag zubereiten, Kartoffeln einige Stunden vorm Verzehr in Alufolie wickeln, frisch backen.
	oder	
1 x Rezept	Hähnchenschenkel in Mandarinensauce (S. 62)	Am Vortag zubereiten und wieder erwärmen.
1/2 x Rezept	Zimttoasts mit Obstspießen (S. 50)	Obstspieße morgens (oder Früchte vorbereiten und von den Kindern aufspießen lassen), Zimttoasts frisch zubereiten.
1/2 x Rezept	Blütenzauber (S. 112)	Mandelcreme am Vortag zubereiten, Nocken erst vorm Verzehr abstechen.
1 x Rezept	Hexentrunk „Abrakadabra" (S. 146)	Mindestens 6 Stunden vorm Verzehr zubereiten (ohne Mineralwasser), kann auch über Nacht durchziehen.
Außerdem:	Partysonne oder -brötchen, Käsestangen, Knoblauchbaguette (zum Aufbacken)	

Multikulti-Party

(8–10 Portionen)

1/2 x Rezept	Türkische Sandwiches (S. 32)	Zutaten morgens vorbereiten, das Füllen der Brote vorm Verzehr können die Kinder übernehmen.
+ 1 x Rezept	Torero-Paella „Olé" (S. 74)	Am Vortag zubereiten und vorsichtig erwärmen.
	oder	
1/2 x Rezept	Tacoparade „Mexikana" (S. 44)	Zutaten morgens vorbereiten, Tacoschalen können die Kinder füllen.
+ 1 x Rezept	Sesam-öffne-dich-Bällchen (S. 68)	Frisch zubereiten oder am Vortag zubereiten und kalt servieren.
1 x Rezept	Bunte Marshmallowcreme (S. 122)	Am Vortag zubereiten.
Außerdem:	Ciabatta, Sesamringe, Grissini	

Detektivparty

(8–10 Portionen)

1 x Rezept	Suppenkasper-Alphabet (S. 16)	Am Vortag zubereiten.
1 x Rezept	Kräuterflitzer (S. 140)	Hefeteig morgens zubereiten und im Kühlschrank gehen lassen, die Kinder können die Teigplatten belegen.
x Rezept	Gemüsepfeile „Robin Hood" (S. 30)	Zutaten morgens vorbereiten, das Aufspießen können die Kinder übernehmen.
	oder	
x Rezept	Schneckenpost (S. 38)	Pfannkuchen am Vortag backen, morgens füllen und frisch überbacken.
x Rezept	Süße Überraschung (S. 106)	Frisch zubereiten.
	oder	
x Rezept	Beerenstark & eiskalt (S. 122)	Frisch zubereiten.
Außerdem:	Baguette, Kräcker	

Register

Register

Register

Umwelthinweis

Dieses Buch und der Einband wurden auf chlorfrei gebleichtem Papier gedruckt. Die Einschrumpffolie – zum Schutz vor Verschmutzung – ist aus umweltfreundlichem und recyclingfähigem PE-Material.

Wenn Sie Anregungen, Vorschläge oder Fragen zu unseren Büchern haben, rufen Sie uns unter folgender Nummer an (05 21) 1 55 25 80 oder (05 21) 52 06 45 oder schreiben Sie uns:
Dr. Oetker Verlag KG, Redaktion,
Am Bach 11, 33602 Bielefeld

Redaktion Eva-Maria Dammeier

Titelfotos Thomas Diercks, Hamburg
Norbert Toelle, Bielefeld

Innenfotos Ulli Hartmann, Bielefeld
Norbert Toelle, Bielefeld
Thomas Diercks, Hamburg
Brigitte Wegner, Bielefeld

Rezeptentwicklung und -beratung Gerhard Ruhle, Hamburg
Sabine Lange, Oetzen

Grafisches Konzept Björn Carstensen, Hamburg
Gestaltung MDH Haselhorst, Bielefeld
Titelgestaltung Kontur Design GmbH, Bielefeld

Reproduktionen MOHN Media · Mohndruck GmbH, Gütersloh
Satz ADRUPA, Paderborn

Druck und Bindung MOHN Media · Mohndruck GmbH, Gütersloh

ISBN 3-7670-0459-3

Lisa